中国旅游发展年度报告书系
Annual Development Report of China's Tourism

中国旅游景区度假区发展报告（2022）

CHINA TOURIST ATTRACTIONS AND RESORTS DEVELOPMENT REPORT (2022)

中国旅游研究院　著

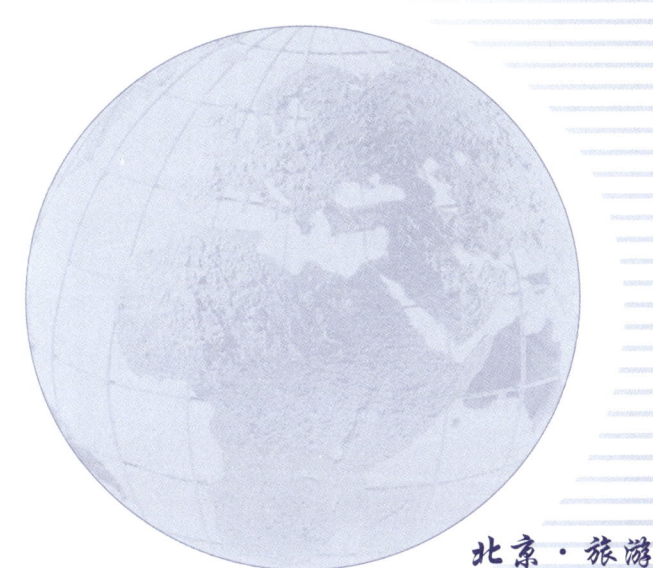

北京·旅游教育出版社

图书在版编目（CIP）数据

中国旅游景区度假区发展报告. 2022 / 中国旅游研究院著. -- 北京：旅游教育出版社，2022.12
　ISBN 978-7-5637-4503-6

　Ⅰ. ①中… Ⅱ. ①中… Ⅲ. ①旅游区－旅游业发展－研究报告－中国－2022 Ⅳ. ①F592.3

中国版本图书馆CIP数据核字(2022)第229323号

中国旅游景区度假区发展报告（2022）
中国旅游研究院　著

责任编辑	巨瑛梅
出版单位	旅游教育出版社
地　　址	北京市朝阳区定福庄南里 1 号
邮　　编	100024
发行电话	（010）65778403　65728372　65767462（传真）
本社网址	www.tepcb.com
E - mail	tepfx@163.com
排版单位	北京旅教文化传播有限公司
印刷单位	北京中科印刷有限公司
经销单位	新华书店
开　　本	787 毫米 ×1092 毫米　1/16
印　　张	6.25
字　　数	65 千字
版　　次	2022 年 12 月第 1 版
印　　次	2022 年 12 月第 1 次印刷
定　　价	55.00 元

（图书如有装订差错请与发行部联系）

《中国旅游景区度假区发展报告（2022）》编委会

主　任　戴　斌
副主任　李仲广　唐晓云
编　委（按姓氏音序排序）
　　　　戴　斌　何琼峰　李仲广　马仪亮
　　　　宋子千　唐晓云　吴丰林　吴　普
　　　　杨宏浩　杨劲松

《中国旅游景区度假区发展报告（2022）》编辑部

主　编：战冬梅
成　员：刘花香　黄　璜　赵怡虹
　　　　　周路路　徐　静

序 言

从风景到场景
——关于景区度假区和休闲街区的新思考[①]

中国旅游研究院院长 戴斌

一、景区一直都是旅游活动的典型空间和经典业态，对旅游业的贡献，史不可忘，未来可期

长期以来，旅游景区承载了国民大众对诗与远方的美好想象，满足了游客对目的地的不可替代的经典体验。自古以来，读万卷书、行万里路就是中华民族的优良传统，万卷书中有山川河流的大块文章，万里路上有历史文化的经典传承，《徐霞客游记》更是建构了国人对行程中自然风景和人文风情的美好想象。自古以来，"五岳归来不看山"的泰山、华山、嵩山、恒山、衡山，"黄山归来不看岳"的黄山，佛教名山九华山、五台山、普陀山、峨眉山，道教名山

[①] 感谢中国旅游研究院产业所副研究员战冬梅博士在案例研究、观点形成和文字整理方面对本文的贡献，感谢中国旅游研究院总统计师马仪亮博士和统计调查所的数据支持。

武当山、齐云山、三清山、青城山、崆峒山，长江三峡、桂林山水、壶口瀑布、黄果树瀑布、杭州西湖、厦门鼓浪屿等山水名胜，长城、大运河、故宫、秦陵兵马俑、安阳殷墟、平遥古城等文化遗产地，共同构成了壮丽山河、多彩人文的旅游本底资源。大众旅游发展的初级阶段，那些依托山水林草等自然资源和文化遗址、非物质文化遗产、文博场馆等人文资源的旅游景区，极大满足了国民大众看远方风景、享当地文化的需要。对国际国内游客来说，无论是首次还是多次到访一个国家、一个地区和一座城市，如果没有去过当地标志性的景区景点，总是令人遗憾的。

多年以来，传统景区与酒店、旅行社一起构成了典型的旅游业态，促进了旅游服务品质的持续提升，直到今天仍然有其生存的基础和发展的空间。1979年，邓小平同志在黄山就旅游业改革、创新与发展做了长篇讲话，对旅游景区的品牌推广、服务品质提升、管理体制改革、环境保护和可持续发展做出了一系列重要指示。从那时起，旅游景区的内涵就不再局限于自然、历史和文化资源的聚集空间，旅游景区还是高品质的旅游体验空间和旅游发展思想的策源地。以5A级旅游景区为代表的高等级旅游景区，已经成为旅游目的地建设和旅游业高质量发展的关键支撑。直到今天，还有相当一部分人对于旅游的要求就是看山看水看风景，还有很多地方同志一说发展旅游就是做规划、建景区，特别是高等级景区，总觉得没有专家给打个分数，没有上级给发块牌子，发展旅游业就没有底气似的。景区在旅游目的地建设和旅游发展体系中的重要地位是历史与现实、经济与社会、市场与交通等多种因素共同作用而形成的。只要大众旅游的品质化和多样性要求并存，观光旅游的市场基础没有改变，传统旅游景区就有其存在和发展的理由。

随着大众旅游全面发展新阶段和小康旅游新时代的到来，旅游景区和市民休闲空间的边界日渐模糊，场景开始取代风景成为旅游目的地建设的关键要素。

中国旅游研究院（文化和旅游部数据中心）课题组通过近三年对发改、国土、林草、环保、体育、文化和旅游等部门的政策文本和词频研究发现：文件内容中直接提及景区的频率越来越低，而游客愿意到访并深度体验的类景区和泛场景的词频越来越高。夜间文化和旅游消费积聚区、旅游休闲街区、历史文化街区、文化园区、艺术中心、重点旅游乡村、旅游度假区、主题乐园、商业中心等场景，虽然没有直接冠以景区的称呼，却处处可见景区的身影。随着大众旅游进入全面发展的新阶段，景区景点的内涵不断丰富，外延也在持续拓展，那些面向本地居民休闲的公园、游乐场、历史文化街区、购物休闲中心、公共文化设施和夜间消费积聚区，都成了吸引游客到访的非典型景区。在地图软件上，被贴上景区标签的空间或场景多达百万以上，远远超过旅游部门公布的 A 级旅游景区的数量。当代游客对景区的诉求不再只是美丽的风景，还要有美好的生活，以及面向未来的调性与质感。值得关注的是，游客不断进入目的地居民生活休闲空间的同时，城乡居民也得益于交通基础设施和公共服务的完善而广泛进入传统的旅游空间。从城市公园、郊野公园、国家公园、国家文化公园到主题乐园、休闲街区和度假区，越来越多的国土空间、文化场馆和休闲场景开始构建起类型更为多样、谱系更加多元的泛旅游景区体系。

二、依托城乡居民的生活场景和叠加休闲内容的美丽风景，共同构成了旅游目的地发展的新方向和旅游产业现代化的新动能

疫情以来，旅游业承受了前所未有的挑战，经历了最为漫长的复苏，旅游景区尤其是中远程游客为主的传统景区承受的压力更大，我和业界同仁感同身受。疫情期间，也有两个值得关注的信号：一是近程旅游和本地休闲的兴起，人们愈加在意身边的美丽风景和日常的美好生活；二是家庭自驾游和自助旅行

的兴起，旅游者以其消费选择权获得了对旅游景区、旅游目的地甚至旅游业的定义权，**"旅游者定义旅游业，而不是旅游业定义旅游者"**正在成为业界的广泛共识。

神州处处是风景。疫情让旅游需求和消费行为发生了很多始料未及又顺理成章的变化。猝不及防的疫情把生命、健康、家庭、亲情、疾病、死亡这些似乎离日常生活很远，又因为埋首于工作而无暇顾及的词汇，近距离地拉进了我们的生活，并促使人们开始重新审视生命的价值和旅行的意义。这种审视带来了显而易见的心理变化：远方的风景固然美丽，近处的场景更是美好。相对于一个人说走就走的旅行，家庭与亲情、互动与陪伴、健康与安全更值得我们守护。**近距离的出行、高频次的休闲、多场景的消费，成为疫情以来节假日旅游市场的显著特征。**疫情以来，游客的出游距离和目的地游憩半径明显收缩。中国旅游研究院（文化和旅游部数据中心）专项调查显示：2022年元旦、春节、清明、"五一"、端午的出游半径分别为110.3、131.8、95.0、99.6和107.9公里，目的地游憩半径分别为8.7、8.3、4.9、6.0和7.3公里。而疫情前的2019年，游客出游半径和目的地游憩半径分别为270公里和15公里。在出行距离缩短的同时，休闲的频次明显提升，消费场景趋于多元，旅游休闲活动可以发生在社区花园、城市绿道，可以在城市公园、郊野公园、国家公园等一切有风景的开阔开放空间，也可以发生在餐馆、酒吧、咖啡馆、购物中心、菜市场、酒店与民宿等商业环境，还可以发生在图书馆、文化馆、博物馆、美术馆、电影院、音乐厅和戏剧场等文化空间。在这片美丽的国土上，处处都是驻足欣赏的风景。

旅游无时不场景。1999年"黄金周"以后，我国进入大众旅游发展的历史进程，从游客到旅游从业者，甚至到旅游主管部门，从旅游景区、酒店、旅行社等传统业态到携程等在线运营商，工作主线基本是以节假日、暑期和冬季等旅游旺季为时间轴，围绕热门旅游目的地和热点旅游景区展开的。如何促进淡旺季平衡、城乡市场平衡和区域旅游发展平衡，是重大理论问题，也是产业实践难题。我国国内旅游人数从1999年的7.19亿人次发展到疫情前2019年的60.06亿人次。这么大规模而且持续、快速增长的旅游市场，十多亿人又是首次出游，如果不能从时间和空间两个方面加以平衡和延展的话，"人民群众更加满意的现代服务业"是不可能实现的。事实上，每到节假日，媒体关于景区拥堵的报道和游客在网络上的花式吐槽屡见不鲜，甚至已经成为节假日新闻的"标配"。这种情况下，传统景区对于成熟旅游者和年轻群体的吸引力日渐式微。

当场景融入风景，旅游景区和目的地发展的新时代来临了。2020年以来，说来就来的疫情，说走就走的隔离，形成了疫情暴发与旅游复苏此起彼伏的"跷跷板效应"。尽管端午节过后迎来了中远程旅游市场复苏的"拐点"，但是受经济周期和收入预期的影响，城乡居民还是更加重视近程旅游和本地休闲。工作日的早市、早茶、电影、戏剧、夜市、广场舞，周末的垂钓、露营、近郊游，碎片化的旅游休闲需求与分散式在地供给相耦合的结果，无意中熨平了中远程旅游市场的不确定性。在休闲旅游者的眼中，春有百花秋有月，夏有凉风冬有雪，无处不风景，时时可休闲。**短距离、低消费、高频次的近程旅游和本地休闲，为传统的旅游景区注入新内容的同时，也让传统的消费场景成为新的旅游景区**。游客需求的变化也促进了旅游休闲新业态的概念创新和市场导入，比如北京杜威中心的凡·高和莫奈的光影艺术大展、嘉兴的歌斐颂巧克力小镇、蚌埠的禾泉山庄、上海春秋的建筑可阅读、城市微旅游，以及春秋集团推出的春野秋梦露营产品等。它们不是传统的景区，而是全新的消费场景，在融合风景与场景的同时，也为景区创新和目的地建设提供了全新的空间和无限的可能。游客对当地生活环境、生活方式的深度体验，对旅游休闲资源的再定义，深化了旅游景区的内涵，拓展了旅游景区的外延。个性化、品质化、多样化的旅游消费需求，将旅游景区带到一个更加广阔的发展空间。

三、重构场景化导向的现代旅游业发展体系

坚持以人民为中心的当代旅游发展理念，从风景到场景，建设主客共享的美好生活新空间。旅游已经成为人民生活的刚性需求和常态化的生活方式，没有任何力量可以阻挡人民对旅行的向往，这是旅游业的信心和力量之所在。同时也要看到，经此一疫，旅游业回不到过去了。城市、乡村和旅游景区能否吸引游客到访，能否提供给游客更高的满意度和更多的获得感，并不取决于它挂上什么标牌，而是取决于有没有高品质的生活场景。回归日常生活场景，以民生视角思考旅游，是理论研究者、产业实践者和政策制定者应该坚持也必须坚持的立场、观点和方法。随着游客广泛进入目的地居民的日常生活空间，旅游景区乃至旅游产业的边界正处于消失和重构的进程中，由需求侧来定义旅游景区将成为不可逆的趋势。为适应新发展阶段的变化，旅游景区要更加强调游客视角，目的地建设要更加重视需求导向和市场思维。

只有传统景区强化场景营造和内容创造，旅游目的地加强文化引领和科技赋能，方能引领旅游业发展的未来方向。文化要回到生活现场，科技要见人见物见未来，满足游客的当代需求，并通过资本和商业的结合而创造全新的生活场景和消费内容。最美的风景是人，最好的旅行是人的连接。那种蓝天白云、高山大川的空镜头，配上播音腔的历史解说，已经不再能够满足年轻一代游客的需要了。他们不会无休止地追忆逝去的繁华和苦难，也不会无条件地接受既定的旅游线路、项目和产品。当前，经由数字化而来的平等、自由和无限的可能，正在深刻改变包括旅游休闲在内的经济增长和社会发展方式，也为建设现代旅游业体系、推动旅游业高质量发展提供了全新动能。

引入社群经济和社区分享的商业模式，推动旅游景区和目的地分类发展和分层创新。品质化和多样性是大众旅游全面发展新阶段的市场特征，分类与分

层并重则是旅游景区和目的地建设的指导思想。我们既要关注自然和人文类景区开发，迪士尼、环球影城、长隆、方特、欢乐谷、海昌海洋公园等主题公园的引入，也要重视高水平旅游度假区的建设，更要关注城市更新进程中的存量资产优化，推动小微型文化、休闲和旅游项目融入社区和景区。洛宝贝乐园、比如世界、杜莎夫人蜡像馆、老舍茶馆、木木美术馆、南京喜事、杜威中心等文化项目可以融入购物中心和休闲街区，星乐度、三华李、永安稻香村等轻度假、泛休闲业态可以融入乡村建设和共同富裕，并成为旅游投资新空间和产业运营新模式。

全面建成小康社会的中国，全面开启社会主义现代化建设新征程的中国，神州处处是风景，休闲无时不场景。全体旅游人，让我们与文化、艺术、科技、教育、体育、工商各界携起手来，让更多的风景叠加场景，更多的场景融入风景，为人民创造更好的旅游休闲生活而奋斗！

目 录
CONTENTS

第一章 旅游景区发展 ·· 1
    一、旅游景区发展趋势 ······································· 3
    二、旅游景区发展重点业态与领域 ····························· 5

第二章 旅游景区投资分析 ······································ 13
    一、旅游景区投资总体情况 ·································· 14
    二、景区类上市公司上半年业绩分析 ·························· 16
    三、旅游景区投资发展建议 ·································· 29

第三章 旅游景区相关政策解读与研究 ···························· 31
    一、旅游景区相关政策文本研究 ······························ 32
    二、旅游景区类企业纾困扶持政策获得感 ······················ 39

第四章 旅游度假区发展进程 ···································· 43
    一、旅游度假区的发展与国民度假旅游需求的发展一脉相承 ······ 44
    二、旅游度假区发展历程 ···································· 47
    三、度假区政策转变 ·· 54

第五章 世界级旅游度假区的建设思想与实践进路 ············· 57
一、人民需要什么样的度假产品，就建设什么样的旅游度假区 ········· 58
二、旅游度假区建设的国际经验和发展理论，应当也可为我所用 ········ 60
三、世界级旅游度假区建设重在思想引领和过程指导，而非标准导向的评定性验收 ································· 61

第六章 武夷山景区智慧管理案例 ··················· 63
一、智慧管理提升服务效能 ······················ 64
二、"零碳景区"建设 ························· 66

第七章 太湖国家旅游度假区高质量发展案例 ············· 69
一、太湖度假区的发展历程 ······················ 70
二、太湖度假区的发展成就 ······················ 73
三、太湖度假区的现实图景 ······················ 74
四、太湖度假区未来的发展路径 ···················· 76

附录 2022旅游度假创新案例 ···················· 79

第一章
旅游景区发展

大众旅游发展的初级阶段，旅游景区是有严格定义的，是圈起来的，是和周边的环境有严格区分的。随着小康旅游新时代的到来，景区对于众多的游客来说，是没有边界没有范围的，景区就是有核心吸引力的、可以去玩的、能让我开心的地方。旅游就是生活，游客想去的地方就是景区。观光游览和休闲度假的出游动机与出游方式日趋融合。旅游景区是面向游客的生活空间，旅游度假区则是游客较长时间停留的异地生活空间，两者之间的边界渐趋模糊，越来越多的度假区日益成为泛旅游景区体系的一部分。近三年来疫情的影响，微旅游微度假的兴起，更是加速了这一趋势。因此，本年度报告把旅游景区和度假区作为泛旅游景区体系的重要组成部分同时予以关注。

　　近三年来疫情的影响，经济发展的不确定性，个人和家庭的经济情况以及游客的消费心理、生活心态都发生了重大的变化，"圈山圈水"、靠忽悠和靠一阵风的流量来吸引游客的模式已经画上了终止符。景区对待"爆款""网红""种草"等喧嚣的词汇更加理性，越来越多的景区意识到脚踏实地沉下心来用心耕耘才是可持续之道。浪淘沙之后是真金，时间和耐心是高质量的基础和前提。

　　疫情前，景区也一直提转型升级，但由于国内旅游市场包括长途市场的火爆，还有入境游的需求支撑，使得部分景区的转型升级雷声大雨点小，依然在靠景区门票、靠自己的稀缺资源吃老本，甚至说短期内也只能吃老本。疫情发生的这三年，景区遭受重创，但仍然在负重前行，创新亮点频出。近程游、微旅游的兴起给景区提供了可能的量的基础，景区要做的就是提供给游客更多的消费和生活的场景。疫情的发生，不只是倒逼了景区进行转型升级的高质量发展，也提供了更大的可能性和客观的基础。

一、旅游景区发展趋势

从圈起来的唯我独尊，到放下身段的与众同乐，再到无边界的不分你我，直至元宇宙下的虚实相合。

很长一段时间以来，传统景区把稀缺资源圈起来，唯我独尊，靠资源靠门票。

一览众山小。这一点从早期的高A级景区名单以及大众出游的选择就能看出来。由此，景区也迎来了高速发展的黄金期。随着我国社会主要矛盾转化为人民日益增长的美好生活需要和不平衡不充分的发展之间的矛盾，游客的多样化需求以及国家层面对国有景区门票的价格导向等，高高在上的高A级景区被拉入"凡尘"。这从近些年的5A景区名单也能看出来，越来越多外地人觉得名不见经传的景区胜出，这些景区甚至让之前大名鼎鼎的部分老牌景区"耻与为伍"。实际上，这是从需求侧到供给侧还有政策层面的共同意志和体现。

现在，进入全面大众旅游时代，从"景区+"到"+景区"，景区的边界日渐消失。"景区"这两个字单独出现的频率越来越低，但是景区又在各种场景中无处不在，旅游综合体、街区、社区、村镇、度假区、目的地、文化带，处处可见景区，泛景区化无处不在。美团数据显示，春节期间，以场景为主题而非以景区名称为主题的泛搜索意图次数提升42.1%。

疫情之下，元宇宙概念日益受到科技巨头的青睐，多地政府超前布局，众多景区也已经付诸行动。2022年1月，工信部明确表示要培育进军元宇宙、区块链、人工智能等新兴领域的创新型中小企业。北京通州区则表示力争通过3年努力，将城市副中心打造成以文旅内容为特色的元宇宙应用示范区。上海首次将元宇宙写入地方"十四五"产业规划，还发起设立百亿级元宇宙新赛道产业基金，打造具有国际竞争力的头部元宇宙企业。广东省横琴新区提出了打造"元宇宙超级试验场"的试点项目。围绕元宇宙赋能文旅产业转型升级，景区企业纷纷进入元宇宙赛道。2021年底，张家界成为全国首个设立元宇宙研究中心的景区，引发诸多争议。西安大唐不夜城景区宣布打造全球首个基于唐朝历史文化背景的元宇宙项目——《大唐·开元》。河南龙门石窟景区打造龙门古街的高科技全景沉浸体验馆作为龙门石窟元宇宙的入口，体验馆的《无上龙门》演出采用沉浸式全息天幕技术，紧扣龙门石窟文化背景和历史线索进行演绎。此外，主题公园也纷纷考虑元宇宙布局，如上海海昌海洋公园、香港海洋公园、华侨城等。深圳冒险小王子元宇宙主题乐园预计2022年底对外开放，该乐园以《冒险小王子》原创主题形象和故事为核心，园区内游乐设备结合时下先进的AR/VR和全息投影技术，增强互动性和体验感。迪士尼也披露了元宇宙战略并已获批一项元宇宙专利。韩国乐天世界在科技巨头Naver的Zepeto元宇宙中推出乐园的虚拟复制品。

未来元宇宙将以其身临其境的数字化自然风景、丰富多彩的数字化人文体验、跨越时空的非接触游览体验和历史、现实与未来的认知交融体验不断开启景区的新未来，赋以景区更多的发展动能。但目前元宇宙仍处于行业发展的初级阶段，无论是底层技术还是应用场景，与未来的成熟形态相比仍有较大差距，这也同时意味着元宇宙相关产业可拓展的空间巨大。元宇宙在旅游景区的应用从概念到真正落地，要走的路也更长。但其虚实结合、情景交融、既独立于现实景区又与现实景区互补的发展方向是确定的。

此外，今年以来，陕西华山、福建武夷山、山东崂山、湖南张家界大峡谷等多家景区出台免门票政策，探索打破"门票经济"、提升旅游产品供给质量之路。根据武夷山景区发布的消息，自6月18日实施免门票政策以来，截止到9月30日，已接待游客118.26万人次，相较于2021年同比增长109.38%。在免门票政策的带动下，武夷山市旅游市场强劲复苏，其他景区获得政策溢出效应，酒店住宿业回暖，旅游社团队业务增加，旅游从业人员就业率提高，整体旅游收益增长。国庆期间，武夷山市累计接待游客23.22万人次，同比增长209.6%；累计实现旅游收入3.02亿元，同比增长265.45%。与此同时，免门票直接影响企业经营利润，尤其是对武夷山这样的门票收入占公司营业收入比重大的景区影响很大。如何消化免门票政策的成本，丰富旅游产品，催生新业态，延伸产业链，华山景区已经做出了一些积极的探索。如推出数字藏品、文创产品、休闲旅游项目，提升旅游体验感，让游客在山巅之上喝华山咖啡、吃文创雪糕等。如何科学全面地研判免门票政策对景区自身运营和周边地区社会经济发展的影响，研究进一步优化免门票政策、调整景区发展思路，从而实现社会效益与经济效益的协同发展，将是未来景区进一步降低门票价格实现免门票政策取得实效的关键。

二、旅游景区发展重点业态与领域

（一）后冬奥时代的冰雪类景区将为游客提供更具差异化的冰雪活动场景与空间

随着北京冬奥会的成功举办，冰雪旅游"向内而生"，"三亿人上冰雪"从愿景变为现实。根据中国旅游研究院《中国冰雪旅游发展报告（2022）》，尽管有疫情影响，但是在北京冬奥会、冰雪出境旅游回流、旅游消费升级以及冰雪设施全国布局等供需两方面刺激下，全国冰雪休闲旅游人数从2016—2017年冰雪季的1.7亿人次增加2020—2021年冰雪季的2.54亿人次，预计2021—2022年冰雪季我国冰雪休闲旅游人数将达到3.05亿人次，我国冰雪休闲旅游收入有望达到3233亿元。

"小区域、低消费、高频次、旅游本地生活化、服务自助化、冰雪观光和滑雪休闲度假并重"成为冰雪旅游消费市场的新趋势。中国旅游研究院冰雪专项调查显示，在远、近目的地选择上，42.3%的游客倾向于近距离冰雪旅游目的地，36%的游客倾向于远距离冰雪旅游目的地，17.8%的游客表示会体验远、近两类冰雪旅游目的地。在疫情前景不确定下，本地很多居民成了当地旅游目的地的主要游客。服务自助化成为游客在冰雪旅游中的重要倾向，65.2%的游客希望全自助办理、非接触式服务完成冰雪旅游项目。2020—2021年冰雪季我国冰雪旅游人均消费为1061元，比疫情前的2018—2019年冰雪季旅游人均消费1734元低673元，但是比2020年我国整体旅游业中游客人均消费775元高286元。冰雪旅游观光和休闲度假并重成为冰雪旅游市场发展的新特征，42.5%的游客倾向于冰雪观光游览，45.1%的游客倾向于滑雪休闲度假。

与旺盛的冰雪消费意愿一致的是，万亿资金也在引领着全国冰雪旅游重资产的投资热潮，传统冰雪类景区建设和新兴室内冰雪场景打造并肩而行。但同时根据2022年热门冰雪旅游景区名单，10个入选景区全是东北（6个）、河北（2个）、北京（2个）传统冰雪类景区。后冬奥时代，传统冰雪类景区如何摆脱季节性束缚、进行差异化新场景的构建，以及新兴室内冰雪场景如何吸引传统冰雪景区消费者进入等，依然任重而道远。未来如何用更好的风景吸引人，用更好的冰雪故事吸引人，将是坚持"冰天雪地也是金山银山"高质量发展之路的关键。

(二) 红色旅游景区正成为培养文化自信和国家认同的精神高地

近年来,红色旅游热度持续走高。从去年建党一百周年到今年喜迎党的二十大召开,每逢节假日,尤其是国庆节期间,节日的家国情怀使得红色景区一度迎来客流高峰。9月30日上午,习近平总书记出席烈士纪念日向人民英雄敬献花篮仪式,极大激发了人民爱党爱国的热情。当天晚上,21.8万名北京市民和游客涌入天安门广场等候观看国庆节升旗仪式,更多市民和游客到烈士陵园、纪念馆和红色旅游景区祭奠缅怀。此外,北京展览馆"奋进新时代"主题成就展、上海市历史博物馆《光明摇篮精神之源——迎二十大上海红色文物史料展》,吸引了成千上万的市民和游客到访。感悟红色文化、厚植家国情怀成为中秋和国庆节文化休闲和旅游市场的主旋律。各地推出的打卡红色地标、探访红色旧址、缅怀革命先烈等红色旅游主题活动备受欢迎。

党的二十大报告提出,弘扬以伟大建党精神为源头的中国共产党人精神谱系,用好红色资源,深入开展社会主义核心价值观宣传教育,深化爱国主义、集体主义、社会主义教育,着力培养担当民族复兴大任的时代新人。根据中共中央宣传部"中国这十年"系列主题新闻发布会,全国红色旅游经典景区已扩展至300处,形成了全面反映新民主主义革命、社会主义革命和建设、改革开放和社会主义现代化建设、新时代中国特色社会主义四个历史时期成就的红色旅游经典景区体系。星罗棋布的红色资源,正在转化成寓教于游的红色景区,成为广大党员开展党史学习教育、加强党性修养的有效载体,成为干部群众特别是青少年传承红色基因、接受红色精神洗礼的生动课堂。

在看到红色景区蒸蒸日上势头的同时,也要看到依然存在的一些问题,如概念趋于僵化,解说词说教色彩浓,主题定位雷同等。而且红色旅游景区(点)开发层次普遍不高,文化内涵深度不足,和当地文化融合度不强,文化资源转化力度不够,宣传推广教育相对刻板。红色旅游消费市场相对单一,主要以公费学习为主,对于自助旅游者特别是青年旅游者群体的吸引力较弱。此外,市场供给主要以财政投资和事业化管理为主,游客的体验感、获得感较低。这些问题已经成为新时代红色旅游景区高质量发展的瓶颈,亟须政府、学界、业界联合行业协会等,以人为本真正从游客的角度加以认真审视解决。①

(三)景区在全面推进乡村振兴、实现共同富裕中,发挥更重要的产业促进和带动作用

党的十九大报告提出乡村振兴战略以来,乡村旅游从顶层设计到基层实践,在乡村振兴中扮演着越来越重要的角色。党的二十大报告明确提出"全面推进乡村振兴。全面建设社会主义现代化国家,最艰巨最繁重的任务仍然在农村。坚持农业农村优先发展,坚持城乡融合发展,畅通城乡要素流动。加快建设农业强国,扎实推动乡村产业、人才、文化、生态、组织振兴"。乡村旅游在乡村经济社会发展中的综合效益不断凸显。中国旅游研究院(文化和旅游部数据中心)大数据监测显示,2019年,我国乡村旅游接待量已超过30亿人次。受新冠肺炎疫情影响,过去三年的全国旅游出游距离和目的地活动半径进一步收缩,城市近郊的乡村旅游却逆势增长。而从早期的景区依托型乡村旅游,到乡村景区化的村景融合,景区日益成为乡村旅游的底色。疫情三年来,短距离、低消费、高频次的近程旅游和本地休闲游的兴起带动乡村游热度进一步升温,由游客定义的各种消费场景也在重新定义乡村的风景,重构乡村旅游中的景区内容。一幢诗意的乡村民居,一条古意盎然的乡间小道,一个山林野趣中的小酒馆,游客于乡村游中驻足的每一个场景,皆成为城市人欣然前往的新风景,成为记得住乡愁的好去处。

2022年文化和旅游部、中国关心下一代工作委员会联合推出"乡村是座博物馆"全国乡村旅游精品线路128条。128条线路串联起了博物馆一样丰厚的

---

① 戴斌,马晓芬.大力推进红色旅游高质量发展的若干思考[J].湖南社会科学,2021(4):77-85.

乡村景区与新兴旅游场景。有波澜壮阔的革命史诗，从东方红城海丰到会师之地将台堡，从原子城纪念馆到红旗渠景区；有传统文明的发源地，从璀璨的仰韶文明到浩荡的千年运河，从多彩多姿的阿尔山到古朴雄姿的黄崖关；有生命的磅礴与奥秘，从诉说地球脉动的乌兰哈达火山群，到呈现珍稀野生动植物基因密码的秦岭。"国家要复兴，乡村要振兴"，走在乡村，便是走在希望的田野上，从物华天宝的河套农耕文化到松江农人深厚的稻作乡土情结，乡村景区里蕴藏着中国人从古到今的春耕、夏耘、秋收与冬藏，承载着千年不灭的文明与传承。

未来，乡村景区将通过科技赋能进一步丰富共同富裕的新内涵。浙江省杭州市余杭区永安数字稻香小镇，引入稻乡农村职业经理人和力石科技的数字乡村项目，以现代农业和传统文化吸引城市旅游者和外地参访者，让传统的农业生产区成为近悦远来、主客共享、城乡融合的乡村振兴示范村。通过发展乡村旅游，农民打开了眼界，拓展了视野，提升了综合素质和生活质量。[①]

（四）主题公园在大众消费市场依然占据突出位置

2022年的主题公园虽然受多地散发疫情的影响，但在疫情的间隙却展现出强劲的复苏能力。本地常住人口达到百万级的大城市、千万级大都市和亿级的都市圈，54个周末的近程出游、365天8小时之外的本地休闲所形成的内生性市场容量是国内主题公园复苏最为有力的市场基础。

2022年10月全球主题娱乐协会（TEA）和AECOM咨询公司联合发布《2021年主题公园和博物馆报告》（以下简称《报告》）。中国共有6个主题公园跻身前25名，分别是：珠海横琴长隆海洋王国（第8名）、上海迪士尼乐园（第10名）、香港海洋公园（第20名）、香港迪士尼乐园（第21名）、北京欢乐谷（第24名）、广州长隆欢乐世界（第25名）。报告指出，由于疫情期间全球各

---

① 戴斌.乡村旅游大市场，乡村振兴新动能（https://travel.sohu.com/a/595223153_124717）。

地区的运营条件有所差异，因此仍采用2019年的排名顺序，将2021年的数据与2019年和2020年进行对比。

亚太地区前20的主题公园中，中国则有13家主题公园入选。分别是：珠海横琴长隆海洋王国（第4名）、上海迪士尼乐园（第5名）、香港海洋公园（第9名）、香港迪士尼乐园（第10名）、北京欢乐谷（第11名）、广州长隆欢乐世界（第12名）、中华恐龙园（第14名）、深圳世界之窗（第15名）、深圳欢乐谷（第16名）、郑州方特欢乐世界（第17名）、成都欢乐谷（第18名）、宁波方特东方欲晓（第19名）、上海欢乐谷（第20名）。详见表1-1。亚太地区主题公园客流量仅恢复至2019年的55%，部分原因是作为最大市场及客源地的中国一直执行着较为严格的防疫政策。总的来说，除香港、上海两个迪士尼乐园外，入选的主题公园依然多数来自长隆、华侨城、华强方特这三家本土品牌主题公园集团。

表1-1　2021年中国主题公园客流量恢复情况

主题公园名称	亚太地区排名	客流量（万人）	同比2020年增长（%）	恢复至2019年（%）
珠海横琴长隆海洋王国	第4名	745.2	55	63
上海迪士尼乐园	第5名	848	54	76
香港海洋公园	第9名	140	-36	25
香港迪士尼乐园	第10名	280	65	49
北京欢乐谷	第11名	493	25	96
广州长隆欢乐世界	第12名	389	45	79
中华恐龙园	第14名	250	5	56
深圳世界之窗	第15名	240	27	60
深圳欢乐谷	第16名	331	6	83

续表

主题公园名称	亚太地区排名	客流量（万人）	同比2020年增长（%）	恢复至2019年（%）
郑州方特欢乐世界	第17名	275.2	-20	72
成都欢乐谷	第18名	294	12	82
宁波方特东方欲晓	第19名	230.8	2	65
上海欢乐谷	第20名	330	21	97

数据来源：《2021年主题公园和博物馆报告》。

国内主题公园从客流人数的绝对值看，上海迪士尼得益于2021年全年开放，人流量最高，达848万人次，但这个客流量也是在限流情况下的客流量。2021年的主题公园市场上值得一提的主角还有上海迪士尼的玲娜贝儿，"出生即巅峰"，一夜之间成为网红，被戏称"川沙妲己"，给上海迪士尼带来了极高的曝光度与人气，也给疫情下的主题公园市场带来了一抹温暖的亮色。华侨城则以最强劲的复苏能力获得更多关注，其客流量同比2019年恢复至97%。一方面得益于其逆势新开9个文旅综合体项目，另一方面得益于"真金白银"的提质升级。如深圳欢乐谷启动新一轮园区升级改造和部分重点游乐设备的选型更新，北京欢乐谷推出以夜游、夜秀、夜赏、夜购、夜宴、夜读为体验主旨的六期·天光夜谭，获得游客口碑。

此外，科技创新和现代制造业不仅为主题公园注入全新动能，也直接介入产品研发和场景营造过程，并重新塑造旅游市场竞争和产业发展的大格局。郑州银基国际旅游度假区在国庆节假日期间，融科普、科技和文化娱乐为一体的动物王国、冰雪酒店、冰雪世界、御温泉、摩天轮和云岩湖露营六大项目同时开业，赢得了家庭旅游市场的广泛认可。

（五）"文博游"持续走热，博物馆展览受青少年群体的青睐

越来越多的博物馆正在探索以新方式新手段增加个性化、沉浸式的体验，以活化历史文化，拉近馆藏文物和人们生活的距离，通过线上独立运营虚拟平台，宣传教育性文博内容，展示创新文博衍生产品，联结各类文化圈群，实现虚拟流量的积累。与此同时，随着人民群众文化素质的提升、公共文化供给的丰富，以及互联网的普及和社交媒体的兴起，志趣相同的年轻人相约看展，并在社交媒体上分享自己的看展经验，以"看展式社交"推动了博物馆热。文化和旅游部数据中心专项调查数据显示，2022年中秋、国庆节假日期间参与文化活动的游客占比93.1%，同比提高2.2个百分点。根据工人日报，今年1月至5月，最受欢迎景区前10类中，博物馆、展览馆排在第4位，"95后"预订博物馆订单的占比达到25%。据国家文物局统计，2021年全国备案博物馆6183家，举办展览3.6万个，教育活动32.3万场，接待观众7.79亿人次。

第二章
旅游景区投资分析

一、旅游景区投资总体情况

2020年常态化防疫之后，局部疫情反复，文旅业一再受到冲击。景区关停、或因疫情防控需要关闭室内设施的情况时有发生，没有游客入园，景区盈利渠道严重萎缩，迎来一次次严峻考验。面对疫情，文旅行业在地区与经营领域的反应表现不一。从全国来看，杭州、长沙、西双版纳等地快速复苏，华侨城、宋城演艺、西安旅游等市场主体积极创新，夜间经济、房车露营、沉浸体验、数字文旅、红色文化、冰雪运动、研学旅行等强势发展。总体上看，经过复杂环境和疫情的多重考验，文化旅游业已经具备一定的韧性，旅游景区不断创新、有序复苏，发展"韧性"得到进一步提升。

景区依然是文旅类投资的热点。2022年浙江省、江苏省重大项目清单文旅类项目中，景区类或者涉景区类的项目大都超过50%。如常州东方侏罗纪旅游度假区、无锡吴越春秋鸿山奇境、江苏大运河文化带建设工程、连云港园博园、沭阳华东花木大世界、开元森泊南北湖旅游度假区、衢州市六春湖景区生态观光及滑雪运动公园、新城滨海城市带"欢乐海湾"等。

主题公园市场继续被国际国内资本看好。"北京市2022年重点工程计划的通知"中，乐高乐园被列为文化旅游产业新建项目。四川省眉山市中国首个乐高乐园预计 2023 年开业；2021 年 8 月，深圳乐高乐园度假区动工；同年 11 月，上海乐高乐园度假区在金山区枫泾镇正式开工，预计 2024 年开园。2021 年底私募股权投资公司 MBK Partners 完成对海昌海洋公园旗下 4 个主题公园项目的收购。海昌海洋公园与保利文化及中丝集团合作，聚合三方的优势资源，共同发展轻资产类型运营业务，助力打造集团成为以海洋文化为特色的生活娱乐平台。2022 年广州华侨城汽车欢乐世界、四川自贡方特恐龙王国、肇庆万达国家度假区、西安欢乐谷剑网 3 主题乐园、深圳冒险小王子元宇宙主题乐园、哈尔滨融创·冰雪影都一期、珠海长隆海洋科学乐园等将相继开业。

（一）盈利渠道单一的景区经营压力巨大

2022 年上半年，由于散点疫情的持续发生，各地经济活动、人员流动、商旅出行均受到一定的影响，以景区门票、酒店住宿为主要收入的景区，游客量断崖下跌，酒店客房出租率、会议及用餐人数急剧下滑，房地产行业受到政策控制，且疫情期间大宗物资和原材料价格上涨、能源费普遍调价，都对景区业务经营造成了一定的冲击，以"华侨城""宋城演艺"等为代表的上市企业业绩明显承压，上半年较去年同期出现下滑。

（二）景区积极谋求上市拓展融资渠道

我国现有数万家旅游景区，涵盖各类旅游吸引物，是文旅产业发展的基石。近年来，加速拥抱资本市场，也一直是景区业重要的发展趋势之一。作为投资大、回报慢、培育周期长的行业，景区有着强烈的获取低成本、长周期资本的需求。相比信贷等传统债权类融资方式，通过多元化的资本运作方式在股票市场和私募股权基金市场进行股权融资更契合景区的行业特点。

疫情对景区发展造成重大影响，景区类企业经营困难较多，利润下滑明显，企业资金缺口越来越大、现金流告急，亟须资金进行恢复和发展。越来越多的景区尝试登陆资本市场进行股权融资，通过私募基金投资、挂牌上市、发行债券等方式拓展融资渠道。例如，云台山旅游股份有限公司、成都市青城山都江堰旅游股份有限公司、庐山旅游发展股份有限公司、安徽天柱山旅游发展有限公司等多个景区类旅企纷纷积极冲刺IPO，其中"云台山旅游"从2015年开始就公开谋求A股上市，目前已在河南证监局辅导备案，有望成功上市。

（三）"旅游＋科技"成为旅游景区降本提效增收的重要举措

疫情原因造成的游客线下流动性的限制促使景区数字化、网络化、智能化转型加快，政府大力支持运用大数据、人工智能、5G、物联网等技术提供非接触式旅游服务，完善景区数字服务管理系统，沉浸式体验、预约旅游等加速崛起，"美食＋旅游""博物馆＋旅游""研学＋旅游""观演＋旅游"等都受到了年轻群体的青睐，密室、剧本杀等与旅游的结合，为景区类上市企业引流提供新渠道。部分旅游景区持续增加VR技术的投入、引进在线电子导览等新型智慧旅游产品，通过"云旅游"、直播旅游、引入文创产品等方式让游客"种草"，激发旅游愿望。如赣州旅游投资集团和于都县共同投资打造的长征大剧院，采用独创360度机械液压可翻可转可升降舞台，主要承载中国第一部红色文旅史诗——《长征第一渡》的驻场演出，该剧融合现代科技与艺术，讲述波澜壮阔的长征故事和人类历史上的伟大壮举，让观众在全景式、沉浸式深度体验中真切感受中央红军长征时期的峥嵘岁月。

二、景区类上市公司上半年业绩分析

2022年以来，国内疫情散点多发波及多个省、自治区和直辖市，跨省游熔断机制持续，景区游客接待量大幅下滑，与2020年上半年影响类似，旅游市场较为低迷。企业在积极抗击疫情的同时，努力止亏损、求生存、创效益，深化改革谋发展。本书根据各上市公司公开资料，整理了2022年上半年景区类上市企业主要经营投资数据，以期分析总结2022年上半年全国旅游景区投资发展全貌。

（一）业绩同期比较

表2-1 2022年上半年17家景区类上市公司业绩一览表

序号	企业简称	营业收入			净利润		
		2022年上半年（亿元）	2021年上半年（亿元）	本报告期比上年同期增减（%）	2022年上半年（亿元）	2021年上半年（亿元）	本报告期比上年同期增减（%）
1	云南旅游	3.12	6.36	-50.87	-0.52	-0.09	-477.78
2	宋城演艺	1.12	7.35	-84.79	0.45	3.78	-87.98
3	黄山旅游	2.14	4.61	-53.53	-1.80	0.38	-577.34
4	曲江文旅	4.49	6.31	-28.87	-0.92	-0.21	-338.10
5	峨眉旅游	2.32	3.46	-32.98	-0.81	0.13	-704.20
6	西安旅游	2.36	2.51	-5.98	-0.54	-0.17	-217.65
7	丽江旅游	0.79	2.02	-60.97	-0.59	0.14	-515.76
8	三特索道	1.06	2.51	-57.63	-0.58	0.09	-754.45
9	桂林旅游	0.40	1.38	-70.95	-1.42	-0.71	-100.00
10	九华旅游	1.19	2.48	-51.88	-0.33	0.53	-162.32
11	天目湖	0.89	2.27	-60.99	-0.57	0.50	-213.44
12	长白山	0.28	0.49	-43.53	-0.72	-0.69	-4.35
13	张旅集团	0.27	1.17	-77.27	-1.17	-0.27	-333.33
14	大连圣亚	0.48	1.11	-56.98	-0.79	-0.27	-192.59
15	西藏旅游	0.43	0.85	-49.90	-0.27	-0.02	-1250.00
16	西域旅游	0.26	0.73	-63.86	-0.21	0.17	-219.63
17	华侨城	163.96	230.14	-28.76	7.50	23.66	-68.29

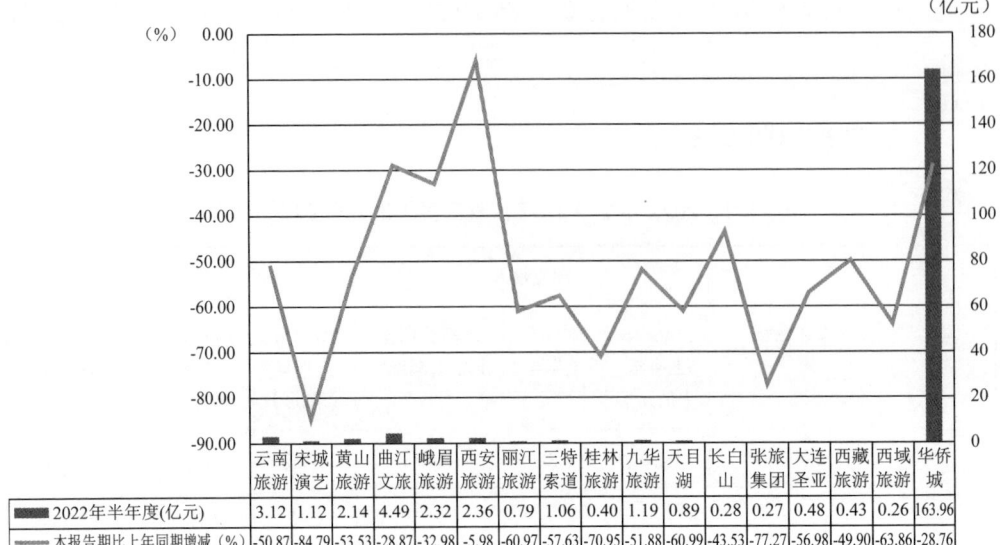

图 2-1 2022 年上半年 17 家景区类上市公司营业收入分析图

1. 从营业收入变化幅度来看

根据已经披露的上半年 A 股景区类上市公司业绩报告，2022 年上半年，17 家景区类上市公司营业收入明显下滑（见表 2-1）。其中，营收变化幅度最大的"宋城演艺"，2022 年上半年营业收入仅有 1.12 亿元，相较于 2021 年上半年 7.35 亿元的营业收入，减少了 6.23 亿元，同期减少 84.79%；"张旅集团"相比上年度同期减少 77.27%，"桂林旅游"相比上年度同期减少 70.95%（见图 2-1）。以上这三家在景区类上市企业中，相较于上年同期，营业收入变化幅度最大。

相对而言，"西安旅游""华侨城""曲江文旅"在景区类上市企业中，营业收入变化幅度最小。"西安旅游"2022 年上半年实现营业收入 2.36 亿元，相较于 2021 年上半年 2.51 亿元的营业收入，仅减少了 0.15 亿元，同期减少 5.98%；"华侨城"相比上年度同期减少 28.76%，"曲江文旅"相比上年度同期减少 28.87%。

第二章　旅游景区投资分析

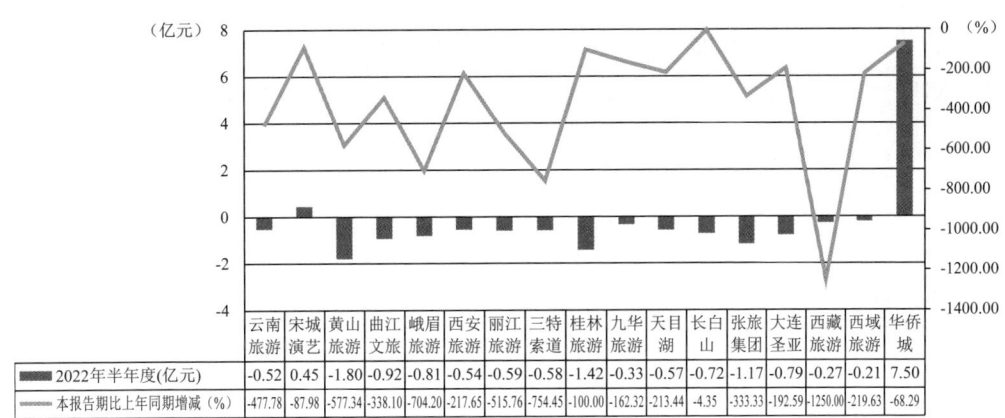

图 2-2　2022 年上半年 17 家景区类上市公司净利润分析图

2. 从净利润变化幅度来看

根据已经披露的上半年 A 股景区类上市公司业绩报告，2022 年上半年，仅"华侨城""宋城演艺"2 家企业净利润为正数，其他 15 家企业净利润均为负数。其中，亏损幅度最大的"西藏旅游"，2022 年上半年净利润亏损 0.27 亿元，相较于 2021 年上半年亏损 0.02 亿元，亏损幅度继续扩大，同期净利润减少高达 1250.00%；"三特索道"2022 年上半年净利润亏损 0.58 亿元，相较于 2021 年上半年增长 0.09 亿元，同期净利润减少 754.45%；"峨眉旅游"2022 年上半年净利润亏损 0.81 亿元，相较于 2021 年上半年增长 0.13 亿元，同期净利润减少 704.20%（见图 2-2）。以上这三家企业在景区类上市企业中，利润亏损幅度最大。

相对而言，"长白山""华侨城""宋城演艺"在景区类上市企业中，利润亏损幅度较小。"长白山"2022 年上半年实现净利润 -0.72 亿元，相较于 2021 年上半年 -0.69 亿元的营业收入，仅减少了 0.03 亿元，同期减少 4.35%；"华侨城"2022 年上半年实现净利润 7.50 亿元，相较于 2021 年上半年 23.66 亿元的净利润，减少了 16.16 亿元，同期减少 68.29%；"宋城演艺"2022 年上半年实现净利润 0.45 亿元，相较于 2021 年上半年 3.78 亿元的净利润，减少了 3.33 亿元，同期减少 87.98%。

（二）业绩变化分析

表 2-2　2022 年上半年 17 家景区类上市公司业绩增减情况

企业简称	2022 上半年比 2021 上半年营业收入增减情况（亿元）	2022 上半年比 2021 上半年净利润增减情况（亿元）
云南旅游	−3.24	−0.43
宋城演艺	−6.23	−3.33
黄山旅游	−2.47	−2.18
曲江文旅	−1.82	−0.71
峨眉旅游	−1.14	−0.94
西安旅游	−0.15	−0.37
丽江旅游	−1.23	−0.73
三特索道	−1.45	−0.67
桂林旅游	−0.98	−0.71
九华旅游	−1.29	−0.86
天目湖	−1.38	−1.07
长白山	−0.21	−0.03
张旅集团	−0.90	−0.90
大连圣亚	−0.63	−0.52
西藏旅游	−0.42	−0.25
西域旅游	−0.47	−0.38
华侨城	−66.18	−16.16

具体来看，相较于 2021 年上半年，2022 上半年 17 家景区类上市公司的营业收入和净利润都在下降（见表 2-2）。其中，"华侨城"营业收入减少 66.18

亿元、净利润亏损 16.16 亿元,"宋城演艺"营业收入减少 6.23 亿元、净利润亏损 3.33 亿元,"云南旅游"营业收入减少 3.24 亿元、净利润亏损 0.43 亿元,"黄山旅游"营业收入减少 2.47 亿元、净利润亏损 2.18 亿元,"天目湖"营业收入减少 1.38 亿元、净利润亏损 1.07 亿元。以上这五家企业利润亏损最严重,净利润亏损除"云南旅游"外其他四家均超过 1 亿元。其中,"云南旅游"2022 上半年营业收入比 2021 年上半年营业收入减少多达 3.24 亿元,但 2022 上半年净利润比 2021 年上半年净利润仅下降 0.43 亿元,利润水平较好。

在 17 家景区类上市公司中,业绩变化最大的当数"华侨城"。根据财报显示,2022 年上半年,"华侨城"共接待游客 2677.7 万人次,为去年同期的 94%;旅游综合业务收入 105.49 亿元,同比降低 44%;房地产业务收入 58.09 亿元,同比增加 44%。公司经营效益对比去年同期有较大幅度下降的原因主要有五点:一是房地产市场持续低迷,公司上半年销售量下降幅度较大;二是行业毛利率持续下行,公司上半年实现的毛利总额减少;三是受疫情影响,公司上半年结转金额低于去年同期,公司部分重要结转区域项目工期受疫情影响有所调整,大部分结转预计安排在下半年;四是公司结转结构变化,上半年结转项目的股权占比不高,少数股东权益占比高于去年同期;五是受疫情影响,上海欢乐谷、北京欢乐谷等部分景区收益不及预期。

"宋城演艺"2022 年上半年净利润为 0.45 亿元,相较于 2021 年 3.78 亿元的净利润,减少 87.98%。根据财报显示,受到疫情冲击,"宋城演艺"在需求收缩和供给冲击的双重影响下,旗下景区多数时间处于闭园状态,对业绩造成较大不利影响,导致利润减少。

"西域旅游"2022 年上半年净利润为 -0.21 亿元,相较于 2021 年 0.17 亿元的净利润,减少 219.63%。根据财报显示,2022 年上半年,受疫情的持续反复影响,跨省旅游熔断,公司游客接待量同比下降 68%,导致收入变动较大,利润减少。根据财报显示，企业利润减少的主要原因有：游客人数下降、联营和合营企业投资收益较上年同期下降 95.68%、2021 年所得税扣除、购买投资理财产品、归还贷款、派发 2021 年股东分红等。

"西藏旅游" 2022 年上半年营业收入 0.43 亿元，同比下降 49.90%；净利润亏损 0.27 亿元，同比下降幅度高达 1250.00%。主要原因是，国内疫情散点多发、频次较高且持续性强，各省跨省熔断机制延续，对景区运营业务造成严重影响；组织、人员调整，导致营业成本较上期增加 195 万元；完善核心景区配套设施导致投入增加；归还银行借款，以及工程款、税费增加等综合原因造成企业利润减少。

"九华旅游" 2022 年上半年实现营业收入 1.19 亿元，同比下降 51.88%；净利润亏损 0.33 亿元，同比下降 162.32%。公司营收变动主要是 3 月以来受主要客源地长三角地区疫情严重冲击，以酒店、索道缆车、客运、旅行社等为主营业务的经营生产受到了较大波及，导致收入减少。另外，应收款项增加、预付款项增加、五溪山色度假区项目及大九华改造项目增加、下辖子公司收益减少等，也影响了企业收入。

"云南旅游" 2022 年上半年实现营业收入 3.12 亿元，同比下降 50.87%；净利润亏损 0.52 亿元，同比下降 477.78%。其中，旅游综合服务板块营业收入同比下降 68.38%，旅游文化科技板块营业收入同比下降 44.61%，文旅综合体运营板块营业收入同比下降 19.84%。公司营收变动原因主要有以下几方面：一方面系国内疫情多点散发，疫情防控政策收紧，公司传统旅游业务旅行社、旅游交通、旅游景区受到较大影响，游客接待量下降；另一方面系报告期内旅游文化科技板块受行业特性影响，呈现一定的季节性特征，收入在各季度间出现一定波动。

"西安旅游" 2022 年上半年实现营业收入 2.36 亿元，同比下降 5.98%；净利润亏损 0.54 亿元，同比下降 217.65%。其中，旅行社业务营业收入同比下降 54.73%，酒店业营业收入同比下降 33.51%，商贸业营业收入同比增长 27.64%。公司营收变动主要是多次受疫情影响，以西安西旅逸柏酒店、成都市西旅万澳酒店为代表的酒店板块和以西安海外旅游有限责任公司为代表的旅行社板块营业收入均有所减少，以迭部县扎尕那康养置业、西安西旅睿德教育为代表的房地产业和教培业受政策影响亏损严重，以西安旅游生态实业有限公司为代表的控股参股公司利润下降，导致企业收入整体下降。

"天目湖"2022 年上半年实现营业收入 0.89 亿元，同比下降 60.99%；净利润亏损 0.57 亿元，同比下降 213.44%；其中，全资子公司温泉度假公司净利润亏损 0.2 亿元，控股子公司竹海公司净利润亏损 0.09 亿元。宏观形势复杂多变、经济下行压力加大、国内疫情连续反复冲击，长三角区域疫情防控政策强化，且跨区限流持续时间较长，给公司生产经营活动带来较大影响，客流减少严重、收入下滑，导致整体业绩下降。另外，对动物王国投资、山水园景区改造及温泉御祥房改造投入等支出增加原因，导致企业利润减少。

"三特索道"2022 年上半年实现营业收入 1.06 亿元，同比下降 57.63%；净利润亏损 0.58 亿元，同比下降 754.45%，较去年由盈转亏。报告期亏损的主要原因是疫情防控，国内多地叫停"跨省游"，导致游客量大幅下降，部分传统盈利项目本报告期亏损；而在公司营业总成本降幅不及营业总收入降幅的情况下，净利润下降更为明显。同时在三个盈利项目中，仅海南项目受疫情影响较小，而华山索道项目、贵州梵净山项目所在的地区均经历了较长的"跨省游"熔断期，经营受损较为严重，亏损公司数量增加。2022 年 5 月以来，随着全国疫情防控形势的好转，公司各个项目已呈现出动态复苏、波动复苏的局面，6 月以来多个项目营业收入已明显好转。

"丽江旅游"2022 年上半年实现营业收入 0.79 亿元，同比下降 60.97%；

净利润亏损 0.59 亿元，同比下降 515.76%。其中，印象演出营收同比下降 94.34%，餐饮服务板块营收同比下降 88.89%，索道运输营收同比下降 57.64%，酒店经营板块营收同比下降 49.30%，其他业务板块营收同比下降 41.11%。2022 年 1~6 月多次受疫情影响，公司游客接待量出现较大幅度下降，公司三条索道共计接待游客 51.45 万人次，同比下降 61.70%。其中，玉龙雪山索道接待游客 41.31 万人次，同比下降 53.64%；云杉坪索道接待游客 9.44 万人次，同比下降 77.70%；牦牛坪索道接待游客 0.70 万人次，同比下降 75.92%。丽江和府酒店有限公司（含洲际酒店、英迪格酒店、古城丽世酒店、5596 商业街、丽世山居）实现营业收入 2072.10 万元，同比下降 50.80%；印象丽江实现营业收入 192.56 万元，同比下降 93.96%，多项业务板块利润下降导致整体业绩下滑。

"长白山"2022 年上半年实现营业收入 0.28 亿元，同比下降 43.53%；净利润亏损 0.72 亿元，同比下降 4.35%。其中，长白山天池国际旅行社营业收入为 19.54 万元，较上年同期减幅 39.82%；净利润 5.59 万元，较上年同期增幅 104.79%。蓝景温泉公司收入为 60.18 万元，比上年同期下降 52.18%；净利润亏损 94.76 万元，比上年同期增亏 64.71%。天池酒店业务收入为 1634.52 万元，净利润亏损 780.85 万元。岳桦生态营业收入 369.45 万元，较上年同期增幅 8.88%；净利润 6.75 万元，较上年同期增加 41.20 万元，增幅为 119.59%。天池企业管理咨询营业收入 0.69 万元，较上年同期增幅 102.94%；净利润亏损 69.92 万元，较上年同期减亏 36.37%。2022 年 1 月成立的易游旅游营业收入 6.15 万元，净利润亏损 68.31 万元；4 月成立的智行旅游交通尚未实现营收，净利润亏损 0.71 万元。上半年新冠病毒疫情持续在全国发生，各子公司业绩均受到影响有所下滑。另外，长白山冬季寒冷且持续时间长，旅游客流较夏季显著减少，上半年是传统淡季，从而导致企业业绩整体不佳。

"大连圣亚"2022 年上半年实现营业收入 0.48 亿元，同比下降 56.98%；净利润亏损 0.79 亿元，同比下降 192.59%。2022 年上半年业绩不佳，主要是报告期受地方疫情防控政策影响，公司哈尔滨景区 3 月 15 日至 5 月 18 日持续闭馆，同时因 2022 年上半年国内及省内主要城市包括沈阳、大连、营口、丹东等地新冠疫情频发，跨省、跨市区域间人口流动量及旅游总人口数量减少所致，从而导致营业收入减少。而子公司圣亚海岸城（营口）旅游发展有限公司支付展期借款利息以及子公司哈尔滨圣亚旅游产业发展有限公司收到少数股东投资款，一定程度上增加了企业的现金流，支持企业渡过"行业寒冬"。

"峨眉旅游" 2022 年上半年实现营业收入 2.32 亿元，同比下降 32.98%；净利润亏损 0.81 亿元，同比下降 704.20%。其中，游山门票收入同比下降 40.39%，客运索道收入同比下降 51.07%，宾馆酒店服务业收入同比下降 24.85%，茶叶收入同比下降 8.40%，旅行社收入同比下降 18.67%，演艺收入同比下降 48.31%，其他类等收入同比下降 22.86%。本报告期，成都峨眉山国际大酒店营业收入 731.94 万元，净利润亏损 447.95 万元；洪雅雪芽公司营业收入 0.19 亿元，但由于新茶成本大幅上涨，净利润亏损 60.09 万元。2022 年上半年，新冠疫情形势更为严峻，旅游市场恢复再次受阻，"只有峨眉山"演出市场频频受挫，上半年共停演 46 天，观演人数并未达到预期，营业收入 227.27 万元，净利润亏损 0.37 亿元，多重亏损导致企业营收锐减。

"曲江文旅" 2022 年上半年实现营业收入 4.49 亿元，同比下降 28.87%；净利润亏损 0.92 亿元，同比下降 338.10%。报告期内，国内疫情多地散发，同时受本地疫情影响，公司所管辖的景区分别在 2022 年 1 月、3 月、4 月期间短暂或阶段性闭园，海洋极地公园、大唐芙蓉园新春灯会、《梦回大唐》黄金版、大型水舞光影秀《大唐追梦》等收入均较上年同期减少，对公司生产经营带来一定的影响。其中，酒店管理公司营收 0.61 亿元，净利润亏损 0.15 亿元；城墙景区公司营收亏损 0.16 亿元，净利润亏损 0.13 亿元；大雁塔景区管理公司营业收入 0.70 亿元，净利润 109.05 万元；山河景区运营公司营业收入 0.24 亿元，净利润 131.31 万元；渼陂湖景区管理公司营业收入 830.52 万元，净利润 122.67 万元；大明宫遗址公园公司营业收入 6674.86 万元，净利润亏损 95.58 万元；大唐不夜城公司营业收入 1938.01 万元，净利润亏损 690.34 万元；曲江旅行社营业收入 79.41 万元，净利润亏损 82.69 万元。

"张旅集团" 2022 年上半年净利润为 -1.17 亿元，相较于 2021 年 -0.27 亿元的净利润，减少 333.33%。根据财报显示，"张旅集团" 净利润同比亏损的主要原因是，受新冠疫情影响，旅游人次减少致收入大幅度下降。其中，大庸古城于 2021 年 6 月 21 日对两个核心业态《遇见大庸》《飞跃张家界》进行试运营，但由于 2021 年 7 月 28 日张家界本地出现疫情，大庸古城各项业务完全暂停，且之后室内演艺类型的旅游项目一直受新冠疫情的持续影响不能正常经营，同时也影响了大庸古城整个招商工作的开展，造成景区经营困难。

"桂林旅游" 2022 年上半年净利润为 -1.42 亿元，相较于 2021 年 -0.71 亿元的净利润，减少 100.00%。根据财报显示，"桂林旅游" 净利润同比亏损的主要原因是，受新冠疫情局部反复、多点暴发及疫情防控限制人员流动的影响，公司共接待游客 70.72 万人次，同比下降 68.97%，营业收入同比下降 70.95%；同时，以旅游业务为主的参股公司业绩大幅下滑，公司确认的投资收益同比减少 1507 万元，进而导致净利润大幅下降。

净利润亏损最大的"黄山旅游"，2022 年上半年净利润为 -1.80 亿元，相较于 2021 年 0.38 亿元的净利润，减少 577.34%。根据财报显示，2022 年 1~2 月份，旅游市场稳步复苏，3~5 月份受疫情冲击尤其是长三角地区疫情冲击影响严重，市场呈断崖下跌，6 月份市场开始回暖。2022 年上半年，黄山景区累计接待进山游客 33.36 万人，较去年同期 98.08 万人减少 64.72 万人，减幅 65.99%；索道及缆车累计运送游客 66.56 万人次，较去年同期 204.37 万人次减少137.81万人次，减幅67.43%；进山人数减少，导致"黄山旅游"营业收入减少，进而导致利润减少，疫情阶段复发和多点散发严重冲击公司经营。

（三）负重前行：积极抗疫、谋求转型、努力创新

疫情反复下，作为景区行业的中流砥柱，景区类上市公司在积极配合国家和当地抗疫政策的情况下，谋求转型并努力创新。"华侨城"公司保持一贯的创新精神，不断创新文旅产品供给，上半年陆续推出成都龙泉驿欢乐田园、成都东安阁酒店、襄阳奇幻谷、茂名有福城景区及晏镜疍家墟·塘霞俚街、西安OCT1314摩天轮等项目；积极营造节庆热点，以IP赋能场景，联手知名IP打造主题灯光/游玩区域，丰富园区客群游玩体验；以科技赋能打造超级演艺，推出天光夜谭PLUS升级产品、上海欢乐谷7款元宇宙系列动态数字藏品、"实物潮玩＋数字藏品＋上海欢乐谷票务福利"捆绑营销方式等新产品、新模式，不断创新游客体验。各项目推出后迅速成为区域热点，取得良好的市场效应。同时，公司持续推进降本增效，降低成本支出。

"宋城演艺"以改革促发展，分区域、分时段抓住一切窗口期开展业务，持续丰富演艺公园内容，积极推动数字化改造，大幅降低管理成本，提升运营效率，在经营受限的情况下将亏损降到了最低，展现了强大的企业发展韧性和优秀的竞争力。

面对疫情大环境，"西藏旅游"及时动态调整经营策略，在稳定原有核心业务的基础上，围绕精益化运营、业务结构调整、资源配置优化，以多元化产品呈现市场，保证持续发力；借助数字化平台，搭建自营面客端、服务反馈体系、客户动态分析等；加大政企协同力度。2022年，公司与政府合作开启阿里地区景区5A创建工作；6月起西藏旅游市场逐步回暖的背景下，公司创新体验产品广受游客好评，本期二季度客流量与经营业绩上升趋势较为明显。

"三特索道"充分研判、积极应对，通过在各个项目公司推行精细化管理、改变营销策略等手段实现降本增效。本报告期内蒙古克旗项目、湖北南漳项目合计减亏154.47万元；广东珠海的景山索道、滑道项目报告期内未营业，目前已进入竣工验收期，预计于2022年10月恢复营业。

"曲江文旅"紧扣"挖存量、拓增量"的经营思路，统一思想、正视困难，创新变革，积极谋求在新形势下的转型发展。一方面，"向外引水"：旅游投资集团以增资扩股还债模式开展市场化债转股业务，引进建信金融资产投资有限公司增资，规模5亿元，增资资金用于偿还旅游投资集团有息金融负债；增资完成后，公司控股股东仍为旅游投资集团，公司实际控制人仍为西安曲江新区管理委员会。另一方面，"苦练内功"：深化改革，设立战略发展中心、演艺管理中心、景区运营管理中心、品牌营销中心四大中心；加快"走出去"的步伐，推动景区运营、文化旅游演出、节庆活动等品牌走出西安，与雁荡山、大同古城街区、烟台芝罘区改造、温州乐清北大街提升改造等项目合作；推出《寻梦·芙蓉里》主题演艺以及《大唐密盒》《华灯太白》以及《旋转的胡璇》《乐舞长安》行为艺术，不断进行网红常态视频拍摄和网红直播；结合景区优势特点和节庆活动，发布数字藏品，推出"线上点亮长安灯会""长安春意浓""长安夏微凉之六一、端午""绿野帐篷节""大唐研学游"等系列活动产品，撬动节庆市场；培育数字化应用场景，把大唐不夜城打造成"互联网＋文旅"示范基地，积极推动智慧旅游建设。

总的来说，国内旅游市场的整体向好，表明旅游企业复苏、产业振兴的基础始终存在，景区作为旅游产业的发展基石和中流砥柱，在文旅融合发展新阶段、消费者需求新变化的趋势下，也在不断深化改革创新，向高质量发展阶段转型。2022年7月，12家旅游景区新增为5A级旅游景区，至此国家5A级旅游景区总数达到318家。高质量产品供给始终是旅游产业发展重要方向，旅游景区发展任重道远。

三、旅游景区投资发展建议

在大的政策背景之下，部分地区层层加码、过度防疫，严重抑制了大众外出旅游消费需求。无论是传统景区在互联网冲击下的供给侧改革，主题公园、特色小镇在旅游产业遇到瓶颈时的异军突起，还是数字文旅在疫情期间蓬勃发展，都是旅游景区大力探索创新改革的结果。

一是挖掘文化，做足特色。文旅融合的大背景下，挖掘特色、提炼IP是景区发展的重要方向。景区投资开发要提炼核心内容，通过创作设计形成演艺、文创、建筑等不同类型的作品，通过有效运营孵化文旅IP形象形成文旅产品。

二是科技赋能，创新驱动。疫情期间，预约旅游、网上观看云展览或者通过直播去打卡景区的习惯成为一大趋势。在后疫情时代，未来景区和旅游目的地的竞争是地方经济社会发展水平和综合实力的竞争，景区的智慧化建设需要更大的突破，使得智能化的终端设计和内部数字管理系统等大数据技术真正提升景区经营水平，推动景区线上和线下服务能力的增强。

三是丰富内容，优化供给。在需求散客化、个性化的时代，旅游已经成为一种生活方式，旅游景区要去房地产化、去门票经济，大力做增量，植入更多内容，丰富优质旅游产品供给，构建品质型异地生活旅游目的地。

第三章
旅游景区相关政策解读与研究

一、旅游景区相关政策文本研究

依托中国政府官方网站、文化和旅游部官方网站，以"文化、旅游、景区"为关键词，报告对截止到 2022 年 9 月 30 日公布的通知、公告、意见、公报等公文进行检索，利用文本分析、知识图谱分析等方法对文本进行分析，对文本中有关旅游景区以及值得旅游行业关注的政策动向进行整理和研究。

（一）政策汇总

截止到 2022 年 9 月 30 日，在中国政府网、文化和旅游部官网，共检索出 25 项与旅游景区相关的公告、意见、通知、报告等公文，在剔除重复、相关性较弱的文件后，剩余 17 项（见表 3-1）。具体如下：

表 3-1 国家出台文旅相关政策统计表

序号	文件名称	发布部门
1	《"十四五"旅游业发展规划》	国务院
2	《关于促进服务业领域困难行业恢复发展的若干政策》	国家发展改革委、财政部、人力资源社会保障部、住房城乡建设部、交通运输部、商务部、文化和旅游部、国家卫生健康委、人民银行、国务院国资委、税务总局、市场监管总局、银保监会、民航局
3	《关于做好 2022 年全面推进乡村振兴重点工作的意见》	国务院

续表

序号	文件名称	发布部门
4	《关于学习贯彻习近平总书记重要讲话精神全面加强历史文化遗产保护的通知》	中宣部、文化和旅游部、国家文物局
5	《国家非物质文化遗产保护资金管理办法》	财政部、文化和旅游部
6	《"十四五"推进农业农村现代化规划》	国务院
7	《京张体育文化旅游带建设规划》	文化和旅游部、国家发展改革委、国家体育总局
8	《关于利用文化和旅游资源、文物资源提升青少年精神素养的通知》	文化和旅游部、教育部、国家文物局
9	《"十四五"国家老龄事业发展和养老服务体系规划》	国务院
10	《关于落实党中央国务院2022年全面推进乡村振兴重点工作部署的实施意见》	农业农村部
11	《关于进一步释放消费潜力促进消费持续恢复的意见》	国务院
12	《"十四五"国民健康规划的通知》	国务院
13	《"十四五"中医药发展规划的通知》	国务院
14	《关于推动传统工艺高质量传承发展的通知》	文化和旅游部、教育部、科技部、工业和信息化部、国家民委、财政部、人力资源社会保障部、商务部、国家知识产权局、国家乡村振兴局
15	《关于促进乡村民宿高质量发展的指导意见》	文化和旅游部、公安部、自然资源部、生态环境部、国家卫生健康委、应急管理部、市场监管总局、银保监会、国家文物局、国家乡村振兴局
16	《"十四五"文化发展规划》	国务院
17	《私设"景点"问题专项整治工作方案》	文化和旅游部

（二）政策发布部门分析

从政策制定的主体看，在国家层面，旅游景区及其相关的政策公文制定，以国务院与文化和旅游部为主。其中，参与文旅行业政策制定的部门涉及国家发展改革委、财政部、国家文物局、国家乡村振兴局等20个部门，体现了多部门共同参与，保证政策顺利推行并有效贯彻实施（见表3-2、图3-1）。

表3-2　相关政策制定部门统计分析

序号	单　词	词频
1	国务院	9
2	文化和旅游部	8
3	财政部	3
4	国家文物局	3
5	国家发展改革委	2
6	人力资源社会保障部	2
7	商务部	2
8	市场监管总局	2
9	银保监会	2
10	教育部	2
11	国家乡村振兴局	2
12	住房城乡建设部	1
13	交通运输部	1
14	国家卫生健康委	1
15	人民银行	1
16	税务总局	1
17	民航局	1
18	中宣部	1
19	国家体育总局	1

续表

序号	单　词	词频
20	农业农村部	1
21	科技部	1
22	工业和信息化部	1
23	国家民委	1
24	国家知识产权局	1
25	公安部	1
26	自然资源部	1
27	生态环境部	1
28	国家卫生健康委	1
29	应急管理部	1

图 3-1　相关政策发文部门词频分析

（三）政策热点词汇分析

截止到 2022 年 9 月 30 日，对国家层面与旅游景区及其相关的政策公文文本进行的统计分析发现，在与旅游景区相关的行业政策文本中，出现的高频词汇有"旅游、文化、服务、乡村、农村、农业、健康、养老"等（见表 3-3、图 3-2），凸显转型升级、乡村旅游、健康养老等将是政策支持的重点，也是旅游景区发展的方向。

表 3-3 景区相关政策高频词汇统计表

序号	单词	词频
1	旅游	944
2	文化	820
3	服务	752
4	乡村	524
5	农村	478
6	农业	442
7	健康	398
8	养老	315
9	国家	306
10	中医药	277
11	创新	272
12	机制	259
13	项目	244
14	企业	217
15	政策	215
16	产业	195

续表

序号	单词	词频
17	资源	194
18	老年人	190
19	特色	177
20	产品	171
21	生产	171
22	融合	159
23	活动	158
24	设施	155
25	改革	153
26	消费	150
27	振兴	148
28	优化	142
29	教育	139
30	农民	132
31	体育	131
32	农产品	127
33	安全	127
34	质量	126
35	合作	122
36	技术	117
37	科技	111
38	医疗	110
39	平台	106

续表

序号	单词	词频
40	老年	106
41	防控	103
42	中医	102
43	监管	101
44	文化遗产	99
45	疫情	97
46	市场	97
47	脱贫	95
48	生态	94
49	旅游业	89
50	资金	88

图 3-2　景区相关政策高频词汇分析

二、旅游景区类企业纾困扶持政策获得感

2019年末疫情发生以来，中央和地方对包括旅游行业在内的国民经济各行业制定并发布了一系列纾困政策，中央层面的政策主要集中在社保减免、成本减免和金融支持。国家部委出台的政策主要集中在贷款延期、税费减免等。地方政府和行业主管部门出台的纾困措施主要集中于资金补助、项目贴息、旅游项目建设等。其中，一部分政策是阶段性的，分别着眼于2020年和2021年，另一部分政策则从2020年延期到2021年。2022年春节过后，新冠疫情在全国范围内呈现多点散发和局部地区规模暴发的态势，旅游市场信心和消费预期跌入新低。旅游企业面临着越来越大的经营困难，特别是传统旅行社、旅游景区等普遍经营困难。

在此情形下，按照党中央、国务院决策部署，为帮助服务业领域困难行业渡过难关、恢复发展，在落实好已经出台政策措施的基础上，经国务院同意，国家发展改革委等14部委联合印发了《关于促进服务业领域困难行业恢复发展的若干政策》（以下简称《若干政策》），围绕加大减税降费力度、降低融资成本、加大纾困资金支持、加强生产要素保障、支持中小微企业稳岗扩岗、保障中小企业款项支付以及扩大市场需求等方面展开政策协同，对于企业面临的信用修复、断贷抽贷等问题也有专项回应。涉及旅游业的条款包括10项服务业普惠性纾困扶持措施和7项旅游业专项纾困扶持措施。为了解《若干政策》在景区类企业（景区和度假区）的落实情况和实施效果，中国旅游研究院课题组进行了相关的调研访谈。

（一）景区类企业政策感知调研分析

本轮政策宣贯力度具有较高的市场主体到达率。绝大多数景区企业知晓中央出台了本轮政策，且多数是了解"10+7"政策内容的。这与政策出台后，及

时部署、媒体宣传、专家解读、商会协会座谈、地方厅局叠加宣传的宣贯组合拳是分不开的。景区企业进一步增强了对纾困政策的了解，增进了对政策和部门的理解，形成了相向而行的思想动能。这更加体现了政策的担当作为，增强了旅游市场主体的共同意识和旅游行政主管部门的向心力与凝聚力。地方厅局和相关部委的政策要点也随之为更多旅游企业所了解，有效化解潜在的舆情风险。截止到目前，省级层面的31个省、自治区、直辖市已全部发文执行部署。

调查结果显示景区类企业面临的最大困难是市场需求下降，业务量少。其他困难依次是资金链紧张、流动资金短缺以及因疫情暂停营业带来的压力。由于4~5月的新一轮疫情和更加严峻的防疫政策，使景区企业的市场空间更趋逼仄。精准防控道阻且长，虽然中央提出了精准防控要求，但部分省份城市在疫情防控中层层加码，熔断机制导致市场运行困难。

此外，调研结果显示，景区行业就业受严重冲击，人才流失和人力资源储备不足是行业复苏和振兴的困难所在。人才流失和储备不足主要体现在三个方面：一是经验丰富、能力强的从业人员不断离开旅游领域，二是即将毕业的旅游专业学生由于对景区行业信心不足或者行业就业难而转向其他领域，三是高职院校旅游相关专业招生困难，持续招生不足将导致景区业后继乏人。

（二）政策效果评估

本轮政策景区类企业获得感明显提高，进一步提升了企业家坚定复苏的信心和创新的动力，显示了政策的担当和作为，增强了市场主体的共同意识和旅游行政主管部门的向心力与凝聚力。

超过一半的调查企业认为困难很大但会坚持，近三分之一的企业对未来发展持乐观预期，这说明景区业长期向好的预期没有变，景区类企业的基本盘较稳。绝大多数企业认为该项政策对企业纾困有帮助，且对政策了解的程度越高对帮扶效果的认可度也越高。受访景区类企业的调研结果显示，对政策的了解程度显著影响企业对于政策帮扶效果的评价。景区为主营业务的企业对于帮扶效果的认可程度略低于度假区为主营业务的企业。其中，超过九成的度假区为主营业务的企业认为政策对自身有帮助或很有帮助。

部分条款受政策本身约束作用有限原因分析。就政策实施的约束条件而言，10 项"普惠性纾困扶持措施"和 7 项"旅游业纾困扶持措施"主要存在经济条件约束、管理制度约束、金融市场约束、货币供给软约束和时间维度约束等。结合问卷调查，通过企业座谈和深度访谈，对本轮政策部分条款效果不显著的原因进行分析，主要集中于以下几方面：

一是保险金缓缴返还方面，企业规模大小影响政策效果。大型企业普遍反映社会保险金继续采取缓缴的办法，企业获得了实质性的支持。但这项政策对于小微企业的作用显著性有待考量，小企业对这笔钱不敢使用的现象较多。因为这笔资金缓缴多以一年为年限，第二年要交两年的资金，压力很大，尤其是在当前疫情不确定的情况下，小微企业即便持有这部分资金，也不敢将缓缴资金作为经营性资金来使用。

二是一些企业存在等靠要的思想，将复苏和发展的希望寄托于政府的救济，没有发挥自身的主动性。在调研访谈的过程中发现，一些企业仍存在等政府补贴和靠政府救济的思想。如果旅游企业不积极主动，自身内生动力不足，出台再多的政策，也难以达到预期效果。

三是银企合作、融资贷款下沉难度大、成本高。一方面，若市场一直未能恢复，大量贷款对于企业也是沉重负担；另一方面，虽然中央大力呼吁、地方政府也积极帮助接洽金融机构，但是企业本身的业务属性使其可抵押物较少、融资贷款难度大、成本高。此外，金融机构对经济前景的预期和规避风险的压力也使得相关机构作为空间减少。而且财政部门的供应商目录是否及时修订，决定了政府采购这项政策是否有效。地方政府财政预算缩减也导致对相关旅游项目的采购力度不足。

（三）政策执行中存在的主要问题及诉求

景区类企业认为《若干政策》在政策执行中存在的主要问题是，政策不够具体，政策举措不够精准，政策落地周期长。将近半数的企业认为政策没有细化、不够具体，其他问题依次为政策举措不够精准、政策落地周期长、政策宣传不到位。此外，政策申请门槛过高和申请政策支持程序过于烦琐，也是政策执行效果不佳的原因之一。

景区类企业最大的政策诉求在于，希望最大限度地开放市场。从根本上讲，适时调整跨省旅游熔断机制、旅游空间限量的政策措施，最大限度地开放市场，仍然是景区类企业对行业政策最大的期盼。不断散点暴发的疫情和严峻的防疫政策，使企业的市场空间更趋逼仄。旅游是经济属性强、市场程度高的行业，放开市场，景区有游客进入，市场活跃了，就会有创新的可能，这是景区类企业目前最大的政策诉求。

第四章
旅游度假区发展进程

一、旅游度假区的发展与国民度假旅游需求的发展一脉相承

新中国成立后就建立了职工疗休养制度。尽管当时物质条件不是很充足，我国还是借鉴苏联的经验，在青岛、杭州、苏州、大连等旅游城市和北戴河、庐山、太湖等风景名胜区建设了一批工人疗养院和配套的疗休养服务设施。各大工厂和矿山、铁路、民航等行业定期组织劳动模范、专业技术人员及一线工人休假疗养，有效保障了劳动者的疗休养权利，增强了劳动者的主人翁精神。从历史来看，某种意义上，干部休假和工人疗养制度是国民旅游权利和旅游度假的萌芽。

从改革开放初期到20世纪80年代末，是我国旅游度假发展的萌芽期。改革开放后，我国现代意义上的旅游业开始起步。在经济建设百废待兴、外汇极度紧缺的情况下，我国将赚取外汇作为旅游业发展的重要使命，着重发展入境旅游接待，对于国内旅游采取"不提倡、不反对、不宣传"的政策。这一阶段的国民旅游度假发展还处于自发成长期，以个人和家庭为主体的大众化自费旅游度假非常少。数据显示，20世纪80年代中期，北京游客中公务出差人员的占比（34.9%）要高于自费旅游人员占比（31.11%）。①

从20世纪90年代初开始，我国旅游度假产业步入快速发展期。一方面，入境旅游在经历了最初的观光热潮后，休闲度假开始兴起。在这种情况下，

---

① 邢道隆.北京市国内旅游市场分析[J].旅游论坛，1986（1）：21–28.

1992年8月17日，国务院下发《关于试办国家旅游度假区有关问题的通知》（国函〔1992〕第46号），决定在条件成熟的地方试办国家旅游度假区。通知明确指出，国家旅游度假区是符合国际度假旅游要求、以接待海外旅游者为主的综合性旅游区。另一方面，在经济社会发展的支撑下，国内旅游市场逐步成长起来，成为推动休闲度假发展的重要力量。进入20世纪90年代以后，出于扩大内需和满足人民群众精神文化需要的目的，我国对旅游业发展政策做了调整。1993年，国务院办公厅转发国家旅游局《关于积极发展国内旅游业的意见》，对国内旅游工作提出"搞活市场、正确领导、加强管理、提高质量"的指导方针。1995年，我国开始实行双休日制度。1996年，国家旅游局推出"96度假休闲游"主题年活动。1996年和1997年两年，12个中国国家旅游度假区共接待游客1700万人次[1]，其中很大部分是国内游客。但从总体上看，当时以度假为目的的旅游在我国旅游消费中占比仍然较低，观光旅游占据绝对优势。根据《1994年中国国内旅游抽样调查资料》，我国城镇居民国内旅游人数按旅游目的划分，1994年第二季度观光游览目的占27.2%，度假目的仅占5.6%；第三季度观光游览目的占30.0%，而度假目的仅占8.1%（见表4-1）。[2]

表4-1　1994年我国城镇居民不同目的国内旅游人数占比

单位：%

季度	旅游目的						
	观光游览	探亲访友	度假	公务	商务	参加会议	其他
第二季度	27.2	19.7	5.6	24.1	6.9	9.4	7.1
第三季度	30.0	23.6	8.1	19.9	5.2	6.1	7.1

资料来源：国家旅游局，国家统计局城市社会经济调查总队.1994年中国国内旅游抽样调查资料[M].中国旅游出版社，1995.

---

[1] 陈建春.我国旅游度假区开发建设探析[D].上海：复旦大学，2000：8.
[2] 国家旅游局，国家统计局城市社会经济调查总队.1994年中国国内旅游抽样调查资料[M].中国旅游出版社，1995：4-7.

从 20 世纪 90 年代末开始，我国旅游度假产业步入全面发展时期。1999 年，我国推出"黄金周"制度，为人们提供了更长的公共假期，旅游度假有了更充足的时间保障。2001 年，全国旅游发展工作会议提出"中心城市可积极探讨分时度假等新的旅游方式"，并将其纳入旅游业发展五年计划。2008 年，国务院对节假日制度进行调整，并推行带薪休假制度，我国公众享有的法定假日增加到 115 天，青少年学生和教师全年休假时间更可达 140 天左右[①]。2009 年，国务院发布《关于加快发展旅游业的意见》，提出积极发展休闲度假旅游。2011 年，有关部门出台了《旅游度假区等级划分》国家标准。2013 年，国务院办公厅颁布实施《国民旅游休闲纲要（2013—2020 年）》。2015 年，国家旅游局印发《旅游度假区等级管理办法》。在政策的支持和引导下，我国旅游度假市场和产业得到了全面发展，以休闲度假为主要目的的旅游人数占比逐步赶上以观光游览为主要目的的旅游（见图 4-1、图 4-2），以旅游度假区为主体、多样化的旅游度假产业体系初步建立。

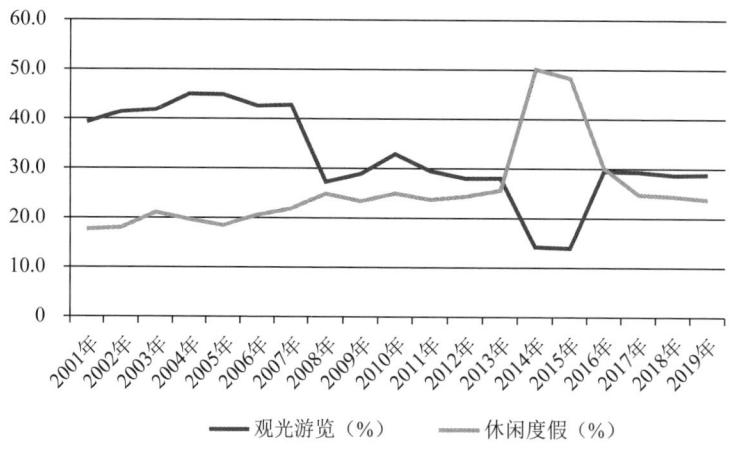

图 4-1　城镇居民观光游览和休闲度假游客人数占比比较

---

① 朱希维. 分时度假及其在中国的本土化发展[J]. 北方经济, 2010（18）：90-92.

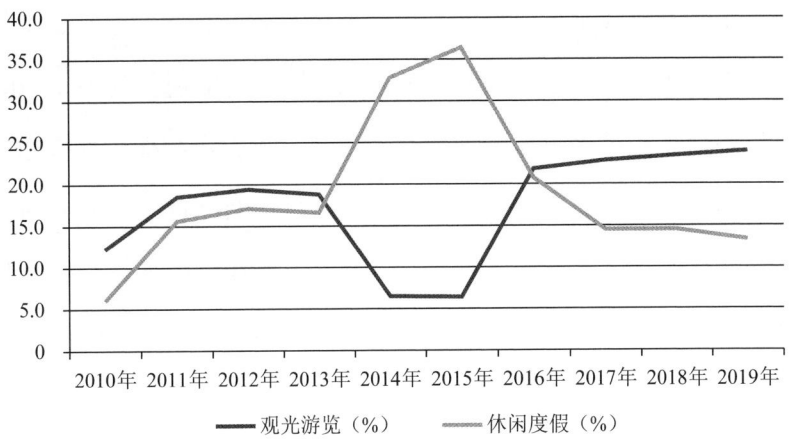

图 4-2 农村居民观光游览和休闲度假游客人数占比比较

图 4-1、图 4-2 资料来源：国家旅游局政策法规司，国家统计局城市社会经济调查总队，国家统计局农村社会经济调查总队.中国国内旅游抽样调查资料（2002—2008）[M].中国旅游出版社，2002—2008；国家旅游局政策法规司，国家统计局城市社会经济调查司，国家统计局农村社会经济调查司.旅游抽样调查资料（2009—2011）[M].中国旅游出版社，2009—2011；国家旅游局政策法规司.旅游抽样调查资料（2012—2014）[M].中国旅游出版社，2012—2014；国家旅游局政策法规司，国家旅游局数据中心.旅游抽样调查资料 2015[M].中国旅游出版社，2015；中华人民共和国国家旅游局.旅游抽样调查资料（2016—2017）[M].中国旅游出版社，2016—2017；中华人民共和国文化和旅游部.旅游抽样调查资料（2018—2020）[M].中国旅游出版社，2018—2020.

说明：2014 年、2015 年由于将"娱乐"放在"休闲度假"中统计，故城镇居民休闲度假游客人数超过了观光游览。

二、旅游度假区发展历程

旅游度假区是各地发展旅游度假的主要抓手。从管理体制来看，旅游度假区多采取集中和分散相结合、行政推动与发挥市场作用相结合的管理模式。根据相关管理规定，绝大多数国家级和省级旅游度假区成立了专门的"管理委员会"、"管理办公室"、"管理中心"、"管理局"或"工作委员会"，作为政府派出机构，在其管理范围内行使相关的经济管理权限和行政管理职能。有的度假区管委会下不仅有行政机构，而且有事业单位，甚至有企业。如浙江湖州太湖旅游度假区管委会内设办公室、政治处（监察室）、计划财务处等9个局（室），招商局（投资建设服务中心）等3个事业单位，南太湖控股集团有限公司等3个公司。有的度假区是"管理委员会"和政府机构两套班子一套人马，如安吉灵峰旅游度假区管理委员会和安吉县人民政府灵峰街道办事处合署办公。还有的度假区主要由公司管理运营，如赤水市赤水河谷旅游度假区由遵义赤水河谷旅游度假区运营管理有限公司管理运营。

（一）20世纪90年代推出的国家旅游度假区

1992年，国务院印发《关于试办国家旅游度假区有关问题的通知》，提出在条件成熟的地方试办国家旅游度假区，虽然其初衷主要是为了接待入境旅游者，但事实上国内游客逐渐占据主体地位。

1992年10月，国务院正式批准建立11个国家旅游度假区，分别是大连金石滩、青岛石老人、江苏太湖、上海横沙岛、杭州之江、福建武夷山、福建湄洲岛、广州南湖、北海银滩、昆明滇池、三亚亚龙湾。1993年，国务院批复同意将"江苏太湖国家旅游度假区"下设的苏州胥口度假中心和无锡马山度假中心，分别更名为"苏州太湖国家旅游度假区""无锡太湖国家旅游度假区"，由此形成了我国最早的12个国家度假区，开启了旅游度假区近30年的发展之路。

综观这12个国家旅游度假区，绝大部分是依托山水形成的独特旅游空间，如河湖型、山地型、温泉型，资源品质独特，文化底蕴深厚，具有典型的地域特色。国家对这些旅游度假区的建设也是寄予厚望的，无论是在品牌建设还是在政策扶持方面都给予了重要支持，如商业用地政策、旅游开发的事权和税收等。但由于当时经济发展水平相对落后，旅游度假发展经验不足，这些度假区在发展过程中不免遇到一些问题，12个国家度假区发展程度也是大相径庭，有的并没有充分利用这个"牌子"的优势。

（二）21世纪推出的国家级旅游度假区

进入21世纪后，我国逐步加大了旅游度假区的建设力度，加强了旅游度假区的等级评定和规范管理等工作。2009年12月，国务院出台《关于加快发展旅游业的意见》，在"推动旅游产品多样化发展"中提到，"积极发展休闲度假型旅游，引导城市周边休闲度假带建设。有序推进国家旅游度假区发展"。2011年4月，国家标准《旅游度假区等级划分》（GB/T 26358—2010）发布，成为旅游度假区发展的规范和引领性文件。2015年4月，国家旅游局印发《旅游度假区等级管理办法》，着手建立国家级旅游度假区动态评选机制。同年，国家旅游局发出《关于开展国家级旅游度假区评定工作的通知》，正式启动国家级旅游度假区评定工作。经过2015年、2017年、2019年和2020年的评定，四批共计45家旅游度假区列入国家级旅游度假区名录（见表4-2）。

表4-2　45家国家级旅游度假区名录

批　次	序号	省/自治区/直辖市	名　　称
第一批 （2015年）	1	吉林省	长白山旅游度假区
	2	江苏省	汤山温泉旅游度假区
	3		天目湖旅游度假区
	4		阳澄湖半岛旅游度假区
	5	浙江省	东钱湖旅游度假区
	6		太湖旅游度假区
	7		湘湖旅游度假区
	8	山东省	凤凰岛旅游度假区
	9		海阳旅游度假区

续表

批　次	序号	省/自治区/直辖市	名　　称
第一批 （2015年）	10	河南省	尧山温泉旅游度假区
	11	湖北省	武当太极湖旅游度假区
	12	湖南省	灰汤温泉旅游度假区
	13	广东省	东部华侨城旅游度假区
	14	重庆市	仙女山旅游度假区
	15	云南省	阳宗海旅游度假区
	16		西双版纳旅游度假区
	17	四川省	邛海旅游度假区
第二批 （2018年）	18	海南省	三亚市亚龙湾旅游度假区
	19	浙江省	湖州市安吉灵峰旅游度假区
	20	山东省	烟台市蓬莱旅游度假区
	21	江苏省	无锡市宜兴阳羡生态旅游度假区
	22	福建省	福州市鼓岭旅游度假区
	23	江西省	宜春市明月山温泉旅游度假区
	24	安徽省	合肥市巢湖半汤温泉养生度假区
	25	贵州省	赤水市赤水河谷旅游度假区
	26	西藏自治区	林芝市鲁朗小镇旅游度假区
第三批 （2019年）	27	广东省	河源巴伐利亚庄园
	28	广西壮族自治区	桂林阳朔遇龙河旅游度假区
	29	四川省	成都天府青城康养休闲旅游度假区
	30	云南省	玉溪抚仙湖旅游度假区

续表

批　次	序号	省/自治区/直辖市	名　称
第四批 （2020年）	31	河北省	崇礼冰雪旅游度假区
	32	黑龙江省	亚布力滑雪旅游度假区
	33	上海市	上海佘山国家旅游度假区
	34	江苏省	常州太湖湾旅游度假区
	35	浙江省	德清莫干山国际旅游度假区
	36		淳安千岛湖旅游度假区
	37	江西省	上饶市三清山金沙旅游度假区
	38	山东省	日照山海天旅游度假区
	39	湖南省	常德柳叶湖旅游度假区
	40	重庆市	重庆丰都南天湖旅游度假区
	41	四川省	峨眉山市峨秀湖旅游度假区
	42	贵州省	六盘水市野玉海山地旅游度假区
	43	云南省	大理古城旅游度假区
	44	陕西省	宝鸡市太白山温泉旅游度假区
	45	新疆维吾尔自治区	那拉提旅游度假区

数据来源：文化和旅游部官方网站。

从45家国家级旅游度假区所处的地域看，大部分旅游度假区分布于东部沿海和西南地区，囊括23个省（自治区、直辖市），约占全国行政区划的三分之二。从数量上分析，浙江省以6家入选的优势居于首位；江苏省有5家入选，居第二位；山东省和云南省并列第三；其次是四川省、贵州省、湖南省、重庆市和广东省。从类型上分析，国家级旅游度假区主要包含温泉、湖泊、山地和滨海度假区4种类型，大体上来看，山地型旅游度假区以20家占据绝对优势，湖泊型度假区则有13家，温泉型和滨海休闲度假区近年来逐渐异军突起，分别有7家和5家。这45家国家级度假区类型分布见图4-3所示。整体而言，这45家国家级旅游度假区的规划面积差异较大，从10平方公里到数百平方公里不等，核心资源包括水体、温泉、草原、康体运动、医疗保健等，多具生态环境和景观优势。

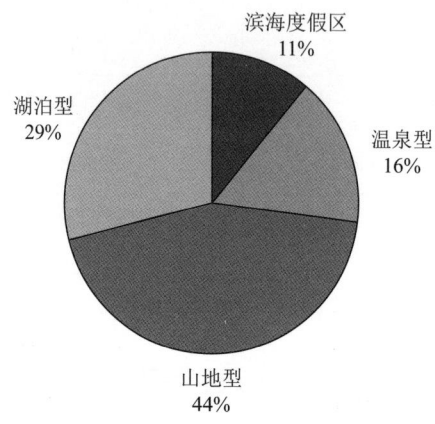

图4-3　45家国家级度假区类型分布

（三）省级旅游度假区的发展

2011年发布的国家标准《旅游度假区等级划分》（GB/T 26358—2010），将旅游度假区划分为2个等级，即国家级旅游度假区、省级旅游度假区。各个地方在积极建设、申报国家级旅游度假区的同时，也积极建设省级旅游度假区。据不完全统计，全国已创建的省级旅游度假区多达631家。

省级旅游度假区不仅是集中展现各省份旅游资源的窗口，更是顺应旅游市场需求发展的产物，它和国家级旅游度假区一起构成了我国旅游度假的重要供给主体。其中，东部地区的浙江、江苏、山东起步较早，发展比较活跃，其创建数量、发展规模、市场效益等均处于国内旅游度假区建设的领先地位。从现有储备的省级旅游度假区数量看，江苏省有55家省级度假区，浙江省有49家省级旅游度假区，数量分居全国第一、二位，两省合计约占全国总数的20%。2021年江苏省全省旅游度假区接待游客1.42亿人次，占全省游客总接待量的1/5；完成旅游项目投资596.65亿元，占全省旅游总投资的近2/5[①]，度假区规模和效益逐年提升。中西部地区近几年度假区发展势头也较为迅猛，如山西省，截至目前已创建省级休闲旅游度假区40余家。

（四）世界级旅游度假区的提出

近年来，随着旅游度假的持续发展，各地涌现出一批市场知名度高、游客认可的优质旅游度假市场主体，它们塑造了市场对于旅游度假区的全新认知，成为人们心目中旅游度假区的典型代表，不仅成功吸引了一大批中外游客，有效带动了当地社会经济发展，而且彰显了中华文化的独特魅力，成为向世界展示中国形象的窗口。

在上述背景下，2020年，党的十九届五中全会提出"建设一批文化底蕴深厚的世界级旅游景区和度假区"。2021年，全国人大通过的《国民经济和社会发展第十四个五年规划和2035年远景目标纲要》，将这一目标确定为国家意志。随后，在国务院发布的《"十四五"旅游业发展规划》、文化和旅游部发布的《"十四五"文化和旅游发展规划》等文件中，均对此做出了重点部署，要求作为专项任务加以落实。

世界级旅游度假区是新生事物，目前还没有出台正式的标准，但可以明确的是，建设一批文化底蕴深厚的世界级旅游度假区是立足当下、更上一层楼的战略部署，是提质增效、激发市场活力的创新抓手，是建设旅游精品、彰显国家品牌的重要举措。建设世界级旅游度假区，有利于满足人民群众的美好生活需要，有利于文旅高质量发展，有利于疫情冲击下的文旅产业复苏，有利于讲

---

① 姥海峰.江苏文旅头条 | 重磅！《江苏省省级旅游度假区管理办法》正式出台[EB/OL].https：//baijiahao.baidu.com/s?id=1735869326504116785&wfr=spider&for=pc

好中国故事、传播"美丽中国"形象。

三、度假区政策转变

（一）从国家度假区到国家级旅游度假区的政策转变

比较1992年国务院第46号文件《关于试办国家旅游度假区有关问题的通知》和2011年实施的国家标准《旅游度假区等级划分》（GB/T 26358—2010），从建设目的、批建顺序、开发模式到市场定位，建设重点等都有明显的不同。建设目的由引导中国旅游事业发展，转向引导国内旅游度假区建设；批建顺序从先批后建，转变为先建后批；开发模式由开发区建设模式，转变为度假旅游目的地建设；市场定位由小众度假向大众度假转变、由国外市场向国内市场转变；建设重点由开发项目为主转向注重配套设施为主，更加符合市场需求，同时更注重"供给侧"的旅游项目开发。此外后者更注重对度假环境的要求。

（二）国家标准《旅游度假区等级划分》GB/T 26358—2010 和 GB/T 26358—2022 的对比

国家标准《旅游度假区等级划分》（GB/T 26358—2010）实施十余年来，有效引导各地建设了一批服务质量较高、市场较认可、人民群众较满意的旅游度假区。"十四五"时期，我国将全面进入大众旅游时代，人民群众休闲度假旅游需求不断增加，对品质的要求日益提高。为进一步突出度假特色，打造人民群众更加满意的旅游度假产品，从标准上对度假产品提质升级提出系统化要求。2019年开始，文化和旅游部组织对《旅游度假区等级划分》国家标准进行修订。今年7月国家市场监督管理总局、国家标准化管理委员会发布国家标准《旅游度假区等级划分》（GB/T 26358—2022），新版国标自2023年2月1日起实施。

新版国家标准增加"总则"一章，并调整部分基本条件要求；调整了有关"旅游度假区""度假资源"的表述，增加了"度假产品""核心度假产品""度假住宿设施"，删除了"旅游度假区的环境""非星级住宿设施""生态停车场"等。比较前后两版国家标准内容，新版国家标准具有以下鲜明的特色。

落实新时代新要求。新增总则，强化生态文明、餐饮节约、旅游安全、卫生防疫、文明旅游等内容。强调文旅融合，引导文化与住宿、餐饮、休闲娱乐活动、公共文化服务等的融合，塑造文化底蕴。

强化市场主体参与。新版国标更加强调尊重市场客观规律，顺应发展实际，着力解决原版标准中阻碍优质市场主体进入的痛点、堵点，包容更多游客认可的优质市场主体。

推动对旅游度假区的认知共识。通过定义和框架推动社会对旅游度假区概念与要素的认知。在具体条款中突出度假特色，强化住宿的核心作用，新增度假产品板块并提出系统化的要求，引导旅游度假区转变思路。

坚持游客视角。新版国家标准坚持从游客的角度审视旅游度假区。针对近年来部分旅游度假区发展中出现的忽视整体品牌形象、公共信息服务不足、设施布局松散、重建设轻运营轻服务等游客不满意的突出问题，加强相关要求，引导旅游度假区充分认识度假游客特点，满足市场需求。

第五章
世界级旅游度假区的建设思想与实践进路

党的十九届五中全会提出"建设一批文化底蕴深厚的世界级旅游景区和度假区",全国人大通过的《国民经济和社会发展第十四个五年规划和2035年远景目标纲要》将这一目标确定为国家意志。对此,"十四五"旅游业发展规划、文化和旅游"十四五"发展规划均做出了重点部署,并作为专项任务加以落实。从前期研究成果和公开信息来看,制订标准、项目入库、投资完善、考核验收、公开发布,将是各级政府建设世界级旅游度假区的常规动作。世界级旅游景区建设应从需求侧入手,从人民群众对全面小康时代的旅游度假的新需求出发,深刻理解和系统把握世界级旅游度假区与世界级旅游城市、国际生态旅游目的地、国家级旅游城市和街区、旅游产业化等旅游业高质量发展的专项任务之间的关系,借鉴世界各国各地区发展旅游度假区的经验,尊重旅游经济发展规律,发挥市场主体和社会各界的积极性,稳步推进海滨、海岛、山岳、森林、湖泊、历史文化名城、主题公园等类型的世界级旅游度假区的建设。

一、人民需要什么样的度假产品,就建设什么样的旅游度假区

与欧美国家的夏季海滨和冬季滑雪的集中休假不同,中国居民更倾向于选择外出旅游、本地休闲和多样化度假。受疫情影响,微旅游、微度假成为近年来人们调节身心的现实选择。调查数据显示,城乡居民的工作时间近年来稳中有升,休闲时间稳中有降。城乡居民对休闲时间的节点选择变得更加灵活,在

非周末也会利用下班时间参与休闲活动。2017年的国民休闲专题调查表明，选择在工作日、周末和节假日外出旅游、休闲和度假的受访者分别为8.4%、22.1%和42.2%。数据表明，国民休闲度假市场呈现出明显的时间不确定性，淡季趋平、旺季更旺的特征十分明显。丰富多样的国土面貌、气候气象和历史人文，使得休闲度假空间呈现出非集聚特征。乡村、古镇、海滨、海岛、湖泊、森林、草原、主题公园，任何地方都可以作为国民的休闲度假地。随着老龄化和深度老龄化社会的来临，多数旅游度假区的客源结构的老年人比重上升，使一些地方的度假产品开始呈现康养化趋势。

全面建成小康社会的中国，包括旅游度假在内的积极休闲成为人民对美好生活的新追求。党的十九届五中全会决定要建设一批文化底蕴深厚的世界旅游景区和度假区，基于中国的文脉地貌向中国人民和各国各地区的游客提供世界级的度假体验。"十四五"期间，各级各类旅游度假区应当兼顾本地居民和旅居者的社区休闲需求、都市居民的郊野游憩需求，以及异国他乡旅游者的度假需求，构建旅游者、旅居者和本地居民的共享的美好生活新空间。每个旅游市场都有不同层次的旅游需求，不同消费档次的旅游产品，既不能只关注本地居民的休闲度假而无视远程市场，也不能想当然地认为远程市场比近程市场更为高端。从海南国际旅游岛、烟台仙境海岸、苏州太湖、上海松山等的国家旅游度假区建设实践，银基国际旅游度假区、融创雪世界、建业电影小镇等休闲度假项目，特别是迪士尼、环球影城、地中海俱乐部（Club Med）等国际度假品牌的运营经验来看，目标市场和产品组合都是随着度假市场的演化而迭代升级的。

由于度假市场的层次性、多样性和演进性，加上度假区所在区域经济社会发展水平处于不同的发展阶段，行政主体没有办法使用一套放之四海而皆准的模式，或者一套固定的标准去指导全国各地的旅游度假区建设。多数情况下，只能给出指导思想、集成要素，画出安全与生态红线，充分发展投资机构和市场主体的积极性、主动性和创造性。

二、旅游度假区建设的国际经验和发展理论，应当也可为我所用

旅游度假区当然要依托海滨、海岸、海岛、湖泊、山地、森林等自然环境，以及温度、湿度、冰雪、雾凇、紫外线、负氧离子等气候气象条件。很多地方旅游度假区建设的可行性分析，首先讨论的也是这些自然生态要件。正如中国旅游研究院的避暑旅游和冰雪旅游课题组在持续十年的研究之后所得出的结论：自然环境和气候气象只是地方旅游发展的本底资源，而非决定性条件。景观之上是生活，是文化，是价值观。文化是旅游度假区形成特色的重要组成部分，也是吸引游客到访的长期因素。规划、投资和建设者要系统梳理所在区域的文化遗产、生活习俗、意识形态和价值观，以及地方愿意展示，游客也愿意体验的当代文化。意大利圣托里尼、法国普罗旺斯对老城古镇风貌的珍视，美国夏威夷的活力ALOHA、日本轻井泽的天人合一，还有加勒比海和南太平洋岛国的一站式全包价度假服务，无不蕴藏着深厚的文化底蕴，无无洋溢着鲜明的文化表现。

与短期停留的景区和拍照即走的景点不同，旅游度假区是游客较长时间停留的异地生活空间。不管是世界级、国家级，还是省级的旅游度假区，还要满足游客居停生活所需要的基础设施、公共服务和商业要素。这些要素包括但不限于度假品牌酒店、大型购物中心、美食餐厅、游乐场、运动设施、水疗中心、娱乐会所、公园、绿道等项目和服务。旅游目的地是生活环境的总和，在自然资源和文化底蕴确定之后，商业环境就是旅游度假成功与否的关键因素。国际知名的旅游度假区面向主要客源，更加注意在道路标识标牌、问询系统、免税购物、国际支付等旅行和消费过程中提供高度专业化的服务。服务的品质和游客满意度往往是

由国际品牌的酒店与度假村、米其林餐厅、特色餐饮、免税品运营商和签约演出团体加以保证的，本地居民对待游客的态度、企业员工的专业素质和科技水平也扮演着越来越重要的角色。最美丽的风景是人，人的连接才是最好的旅行。

世界级旅游度假区的建设离不开规划引领，离不开政府和社会力量的共同参与，并需要始终贯彻环境友好和社区共享的发展理念。韩国普门湖对度假区配套设施建设的高度、离湖面的距离、广告牌是否可以用等都有明确而具体的规定。世界级旅游度假区的建设者和运营方更加关注国际航空港或邮轮母港的国际通达性，强调以人为本的公共服务，对入境游客予以免签证、落地签证、一签多行、在线签证等通关便利。在旅游度假区建设和发展的进程中，政府需要重点做好目的地推广、基础设施建设、公共服务完善和社区利益协调等治理体系现代化的基础性工作，而投资、建设、研发和运营等商业实现过程，则交给市场去做更为适宜。

三、世界级旅游度假区建设重在思想引领和过程指导，而非标准导向的评定性验收

引导旅游度假区与社区融合发展，推动新型城镇化建设和乡村振兴。绝大多数世界级旅游度假区并不像封闭式景区一样有物理空间边界，而是包含了旅游城市、旅游小镇、旅游村落等行政区，以及国家公园、世界文化遗产等旅游景区。只有从区域的视角统一规划、共同发展，才能够增强旅游度假区的可进入性、吸引力和接待能力，进一步完善旅游度假设施和产品体系，增强旅游度假区的可持续发展能力，最大化旅游度假区发展带来的经济、社会和生态效益。

引导旅游度假区以游客满意度为导向，推动旅游业高质量发展。建立以人为本的产品研发和服务理念，任何时候都要以游客的需要和感受为出发点，而

不是我有什么就供给什么。旅游度假区所有的基础设施、公共服务和商业项目都应当体现平等、自由和无限的可能，要让残障人士、亚文化群体和数字化生存不便者感受到生活的温暖和向上的力量。中国式服务不应是面向强者服务的力度，而是弱势群体感受的温度。

引导旅游度假区增加文化内涵和科技应用，推动文化和旅游融合发展。通过充分挖掘本土文化和民俗风情，并开发形成富有文化底蕴的旅游要素、旅游产品，能够在旅游度假区形成浓郁的本土文化氛围，进而在全球旅游目的地的激烈竞争中形成核心竞争力。重点抓好文化和旅游资源普查、非物质文化遗产的活化利用、旅游演艺、夜间旅游、文化景观建设等项工作。

引导旅游度假区从产品到项目再到综合度假区，推动旅游领域的共同富裕。建设分时度假、公寓式酒店、目的地俱乐部、第二居所等旅居设施，实现度假酒店和旅居设施融合发展，能够体现旅游度假的短期生活特征，满足旅居者的异地生活需求，形成可持续的投资发展模式。培育世界级度假产品集群，大力发展休闲购物、健康旅游、体育运动、海洋旅游、商务会展等度假产品。拓展城市休闲、郊野游憩、乡村旅游和生态旅游空间，满足本地居民休闲需求、旅居者生活需求和旅游者度假需求，整体提升游客满意度。

引导旅游度假区夯实人才、数据等工作基础，推动旅游业可持续发展。建设世界级旅游度假区发展高端智库，建立游客满意度调查和评价机制，为外地和境外的专业人士和创业者提供工作许可、居留生活和国际旅行的便利条件。加大金融、财税支持和建设用地保障，切实优化营商环境。搭建多元化、跨领域的旅游度假区交流合作平台，构建旅游推广营销网络，实施全球度假市场营销计划。

自 2021 年至今，本报告编委会主任戴斌院长应邀先后在烟台、丽江、上海、苏州等地出席行业活动，并围绕世界级旅游度假区的建设发表演讲或授课。本部分内容全部来自戴斌院长有关演讲。

第六章
武夷山景区智慧管理案例

武夷山是我国仅有的四处世界文化与自然双遗产地之一，是全国首批国家公园、国家级重点风景名胜区、5A级旅游景区、智慧旅游试点景区等。武夷山以其独特的自然资源风光，享有"奇秀甲东南"的美誉。2021年3月22日，习近平总书记到武夷山国家公园智慧管理中心考察并做出重要指示，"要坚持生态保护第一，统筹保护和发展，有序推进生态移民，适度发展生态旅游，实现生态保护、绿色发展、民生改善相统一"。近年来，武夷山景区着力推动智慧景区、"零碳景区"建设，持续提升文化和旅游供给质量以及管理服务效能，助力闽北文化和旅游高质量发展。

一、智慧管理提升服务效能

武夷山景区围绕"智慧管理、智慧服务、智慧运营"的工作目标，通过智慧管理平台与系统的建设，有效整合人、车、物等信息资源，为游客提供一云多屏、信息服务功能完善的全域旅游服务管理体系。以信息化技术提升数据化管理与服务能力，及时准确掌握景区情况，以实现景区的联运发展和资源优化配置，为决策提供及时、准确、可靠的信息依据，提高景区工作的前瞻性和针对性。让游客畅通游览的同时，实现景区的社会效益、环境效益和经济效益的统一，有效促进景区持续健康发展。

（一）建设内容

智慧服务系统建设。以为游客提供便捷快速服务为目标，建设了武夷山旅游APP、"中国武夷山"微信公众号，实现手机查询及预约、刷脸入园、免费Wi-Fi、自助导游讲解、自助缴费停车、信息反馈、紧急救助等。游客在出行之前，就可以通过景区官方网站、微信公众号平台等方式了解景点介绍、景区导览、武夷山文化等旅游指南，实现景区票务预订与网络分时预约。游中实现自助游览定位、自助导游讲解、旅游服务寻呼等，畅快游览景区。同时，建设武夷山旅游VR、AR地图等科技体验应用，实现通过一部手机能自助导游、导航、导览、导购等全链条服务。

智慧管理中心建设。通过对接景区售票信息、景点人流量数据、竹筏定位数据、车辆定位数据、景区执法历史轨迹及其他数据，建设武夷山国家公园智慧管理中心进行实时数据展示。同时，采用夜视、人脸摄像头、高倍火点监测云台摄像机等设备，充分发挥数据内在的联系和深层次的联动应用能力，利用统一管控平台整合景区各项旅游管理功能，实现数据分析及功能提升，实时提供完善的旅游数据，为地区旅游产业营销、管理提供必要的辅助工具。

（二）应用成效

"智慧管理"项目是武夷山景区加速智慧文旅产业数字化进程的重要成就，有助于武夷山景区的生态保护与服务向智慧化迈进。

智慧服务。以为游客提供便捷快速服务为目标，建设了武夷山电子商务网站、微信平台，同时建设武夷山旅游VR、AR地图等科技体验应用，实现游客通过一个客户端（微信）就能完成导游、导购、导览、导航、投诉、评价等功能，为游客获取旅游实时信息提供便利，满足多样化、个性化的旅游需求。

智慧管理。通过大数据收集游客预订信息，景区能及时获得未来游客数量，提前准备观光车、竹筏等生产量，实现门票分时分段预约。通过景区的智能监控系统，在景区 GIS 地图上能够获得游客密度、交通状况等信息，及时指挥调度，合理安排景区有限资源。通过安全保障监控，及时发现游客危险行为并及时警示游客，确保旅游安全。有效地从运营管理、服务质量、安全管理、环境保护等多个方面提升公共服务效率，实现旅游"服务零距离、信息零距离、产品零距离"的应用，让游客享受到"听得见、看得到、摸得着"的一站式旅游、全方位的"互联网+"服务。

文化创新。文化资源借助 VR、5G 等数字技术"活起来"，提升景区管理与保护、创新与优化参观体验，从而变革景区文化资源产业发展的基础设施，改变文旅产业发展的商业模式，提升文旅产业有效供给水平，开拓文旅产业发展新空间。

二、"零碳景区"建设

武夷山景区通过对观光车、餐饮等各领域实施电能替代改造，积极响应国家"双碳"战略目标，构建景区低碳建设实践样板，致力打造"零碳景区"。

推行低碳环保观光车。景区内现承担运输接待的观光车共 105 部，其中小火车型观光车 20 辆、中巴 70 辆、新能源大巴 15 辆，所有车辆均为环保型交通工具，尾气排放均达到购买当时的国家标准。为响应国家公园生态先行、可持续发展的号召，景区根据零碳导向的文旅产业政策，逐步将观光车辆更新为具有环保、节能、节约运营成本等优点的新能源纯电动观光车，加强生态系统保护和永续利用，推动资源节约型景区建设。

实行因地制宜的交通管制。武夷山景区实行封闭式管理，禁止社会车辆通行，采用在主入口换乘景区环保观光车游览的交通组织模式，极大地降低了景区内的碳排放量，有效遏制了景区内交通用地的扩大，有利于景区保护和长远发展。

打造智慧化展示平台。借助碳监测设备，实时监测景区的气象、温室气体浓度、负氧离子含量等相关参数，进行碳中和相关数据全景展示、分析和零碳生活参观动线三维一体的全场景展示。

疫情之下，为激发旅游市场活力，推动旅游市场复苏，2022年自6月18日，武夷山主景区宣布全年免门票，带动了全市旅游人数和旅游收入的攀升，但也给景区营收、管理带来更大的压力。根据景区接待数据显示，免门票活动以来（6月18日至10月31日），主景区共接待游客147.56万人次，较疫情前的2019年同期比增2.7%；较2020年同期比增54.44%；较2021年同期比增119.81%。同步推动周边景区和乡村旅游点接待量、酒店民宿入住率、旅游社团队业务量、旅游从业人员就业率等旅游综合效益提升。据不完全统计，免门票后，武夷山景区门票减少收益7000余万元，带动武夷山市整体旅游收益约8亿元。下阶段，武夷山将积极探索景区门票的阶段性流量调节机制，进一步完善旅游业态消费产品，逐步形成旅游淡旺季门票优惠政策。并按照国家公园环境保护容量，推进分景点售票，预约限流引导游客漫游武夷，延长游客逗留时间。

第七章

太湖国家旅游度假区
高质量发展案例

一、太湖度假区的发展历程

（一）初始阶段（1992—2001年）：旅游休闲度假的发展格局基本打开

1992年，苏州太湖国家旅游度假区获国务院批准建立。作为国家旅游度假区行业的领头羊，太湖度假区依托优美的太湖山水、源远流长的吴越文化以及原汁原味的田园风光等特色，建构起了集人文的、自然的、历史的、现代的等多要素为一身的满足大众旅游体验和休闲度假的大旅游发展框架。为完善度假区的配套服务、打造便利的旅游交通，该阶段，太湖度假区启动了基础设施建设与改造等一系列工程项目。如1992年，太湖修建并开通了从灵岩山到渔洋山的旅游专线，同年启动了中国内湖第一长桥太湖大桥工程的建设工程，专线与大桥的建设极大地提升了太湖度假区的可进入性，便利了消费客群的往来。为进一步满足度假区的电力水力供应、通信保障等设施要求，1996年，在多方主体的齐心协力下，5万伏的变电站从理想走进了现实，日供应6万吨的自来水厂和容量为2万门程控电话的邮电大楼先后拔地而起。该阶段，太湖度假区基本完成了开疆拓土的第一步，以文化休闲、旅游度假为主导的太湖犹如一颗冉冉升起的新星，耀眼又闪亮。

（二）发展阶段（2002—2012年）：度假区的功能定位实现全面升级

自1999年国务院颁布休假条例以来，旅游市场呈现出新的发展趋势。为进一步满足市场消费需求，太湖度假区启动了新的发展定位，以旅游服务业为主的各类载体建设成为新的前进方向。2003年，国际高尔夫球场、5.5公里景观大道及太湖黄金水岸一期等项目在太湖度假区全面启动，宝岛花园五星级酒店建成并试营业。2006年底，高尔夫球场及配套酒店对外营业，香山国际大酒店、太湖水底世界、渔洋山生态园等项目则全面开工。在持续性推进各类项目建设的进程中，环太湖30公里生态精品旅游线路打造完成，多样化业态的高度集聚不仅装饰了度假区的"面子"，也极大地丰富了度假区的"里子"。2002—2006年，太湖度假区联合社会多方机构共同举办各类节庆活动，如苏州太湖梅花节、中国苏州太湖开捕节等，这些精彩纷呈的活动的引流效果十分明显。2009年10月，"重量级"会奖旅游载体——太湖文化论坛项目建成投用。2007年，太湖度假区成立了苏州科技产业园管理委员会，并规划布局了空间为8平方公里的太湖科技产业园，新业态的植入极大地提升了度假区的品质，特别是在2008年，度假区成立负责中心区基建和项目开发的苏州太湖城市投资发展有限公司，这是度假区全面扩充的外在表现。该阶段，太湖度假区的空间布局与产业发展变化明显，整个度假区的功能定位也随之走向了全面升级的发展道路。

（三）提速阶段（2012—2020年）：开启新一轮布局新兴服务业的建设

为顺应时代发展潮流，满足度假区自我成长的需要，度假区正式提出了高质量建设"休闲度假目的地和新兴服务业高地"的目标，自此，太湖之滨又迎来新一轮开发建设的新时期。进入2015年，太湖微谷产业园、太湖文创中心以及太湖产业园科技研发大楼相继建成并投入日常办公使用。为打造并形成集生产生活为一身的大型综合体，2016年10月，产业园太湖智创园一期标准厂房宣布竣工。2018年，产业园凤凰谷商业载体的建设也相继进入尾声。同时，包括视源、龙文等一批上市公司总部项目相继落地。该阶段，度假区进驻的实体经济体量取得重大突破。为进一步推动产业发展，太湖度假区积极打造高端服务设施。如2017年，太湖万豪万丽、渔洋码头湖驿建成营业，2018年太美·香谷里酒店投用，2019年太美·逸郡酒店建成投用。在这个过程中，太湖度假区瞄准体育旅游发展的良好势头，积极拓宽产业发展边界，如在2017年，建成6片标准天然草坪足球场、2片人工草坪足球场，高规格的场地设施吸引了国家男女足训练以及部分中超球队和甲、乙级球队前来训练比赛，度假区也摘得江苏省"体育健康特色小镇"的称号。

（四）跨越阶段（2021年至今）：开创"文旅＋科技"深度融合新格局

越过新的发展阶段，迈入新的发展周期，太湖度假区紧扣打造"天堂苏州·最美吴中"的功能定位和时代主题，着力强调以产业为强区根本、以创新为发展动力，抢抓发展机遇，深入推动太湖度假区以"文旅＋科技"为支撑的战略部署，全面落实"三区三片"综合改革纪要。2021年，《苏州市太湖生态岛条例》正式颁布施行，围绕太湖生态岛建设与发展的大会也成功召开，22个项目总计387亿元的投资合同在大会上敲定落实，这意味着"一号任务"取得了实质性的进展，为度假区开创新的发展格局夯实了基础。同年，太湖度假区规划太湖科技产业园、太湖湾总部经济园及数字科技园，并将其部署为太湖度假区内打造数字产业、智能经济、智慧生态的三大重要载体，随后一批互联网领军企业如百度、京东等相继涌入。作为集聚互联网企业、高端服务业的大型商业联合体，太湖度假区内的太湖科技众创空间以及安智无线研究院分别获评省级众创空间和苏州市新型研发机构，这是度假区迈向新发展阶段取得的新发展成果。现今，太湖度假区已全面走向拥有城市功能定位，融生产、生态、生活等为一体的特色生态区。

二、太湖度假区的发展成就

(一) 深耕区域特色潜力,文旅融合迈出新步伐

近年来,太湖度假区充分利用自然生态优势,全面推动文旅产业与数字产业、会展产业以及高端服务业等业态的深度融合,并逐渐发展成为文旅产业融合的榜样案例,如太湖度假区获评江苏省首批文旅产业融合发展示范区,而太湖休闲运动小镇则获评全国最美五十强的称号。为进一步延展和发挥度假区的功能效用,太湖度假区与上海佘山国家旅游度假区签订战略合作发展协议,并以高标准的服务完成东亚企业家太湖论坛、市区"两会"、中超联赛等一系列会议、赛事等活动的服务保障工作。除此之外,太湖度假区还成功举办首届太湖民宿节、女子马拉松、超级生活节、青少年足球赛等活动,推出"四季太湖"系列网红打卡活动,成功打造漫山岛、太美·雪绿、舶来咖啡等一批网红打卡点,同时还启动蓝园·舟山文创园项目,推动华侨城腾讯 IP 奇趣乐园等项目加速落地,还成立度假区旅游资源一体化改革工作领导小组,加速推动优质文旅资源大融合、大整合。

(二) 加快新旧动能转换,科创产业实现新突破

近年来,太湖度假区强力推进招商工作,举办、参与招商活动近 20 次,累计拜访企业 972 家、1069 次,百度、京东、三峡等一批重大项目落户。为大力发展科技产业、数字经济、智慧生态,太湖度假区精心打造太湖科技产业园、太湖湾数字科技园、太湖湾总部经济园三大核心载体,启动实施太湖湾产业合伙人计划,联合清控科创等专业园区运营商,挖掘行业项目、资源优势,赋能"双招双引"。这一系列的措施催生了良好的发展结果,如太湖众创空间和安智无线研究院分别获评省级众创空间、市级新型研发机构。除此之外,太湖度假区有 1 人获评省双创人才,新增市级以上科技领军人才种子数达 14 个,同比增

长为600%；而新增市级以上科技领军人才数5人，实现了历史的突破与超越。另外，太湖度假区积极组建并实体化运作四大招商公司，成立太湖科技发展投资公司。在这个过程中，太湖度假区进一步深化"放管服"改革，落实项目建设"拿地即开工"，并积极探索"竣工即拿证"审批新模式，旨在通过强化体制机制的创新为太湖度假区走向高质量发展的道路发挥保驾护航的作用。

（三）提升公共服务水平，社会事业彰显新成效

为进一步做好社会服务工作，太湖度假区紧盯重点实事工程，以服务儿童为主导的太湖湾伟才幼儿园、光福香雪海小学附属幼儿园建成并相继投入使用。满足居民需求的舟山花园四期272套完成工程建设，福惠花园938套、15万平方米完成分户验收。度假区人民医院正式启用。轨交5号线正式通车，新增调整辖区、过境公交线路11条。积极推行拆迁货币化安置，节省资金支出近3亿元。落细落实常态化疫情防控举措，开展22个行业领域专项安全整治，平稳处置花样年碧螺湾、新力云语铂园等房地产项目。

三、太湖度假区的现实图景

（一）"一号任务"为太湖生态岛的高质量建设提供了新引擎

生态岛建设是太湖度假区发展史上最好的一次历史性机遇，得到了国家、省市区各级层面的大力扶持。生态岛自然资源领域生态产品价值实现机制试点获自然资源部批复，支持生态岛建设已被纳入省、市"十四五"规划。《太湖生态岛条例》正式施行，市、区均出台支持政策，共安排80亿元资金。自项目启动建设一年多来，围绕生态岛发展建设的各项工作有条不紊地稳步推进，并取得了积极成效。下一阶段，需紧密结合生态岛建设的规划布局，积极抢抓度假区发展的窗口期和红利期，在项目建设上狠下功夫，尽快排出一批、开工一批，推动生态岛建设迈大步、上台阶。

（二）"1号公路"建设进一步推动景区一体化运营管理改革

虽经过近30年发展，但度假区文旅产业仍有较大短板。2022年初，区委区政府正式推出"环太湖1号公路"品牌，这与度假区做大做强文旅产业的战略高度契合。其中将近有四分之三的1号公路位于度假区内。结合当前正在深入推动的"三区三片"改革，紧抓打造1号公路契机，加快启动实施度假区景区资源一体化运营管理改革，全面整合太湖度假区内的景区、景点等相关资源，推动环太湖度假区文旅资源的一体化管理、一体化营销，打造一体化品牌。

（三）环太湖科创圈建设为打造创新型集群提供重大机遇

在2021年的长三角一体化发展高层论坛上，沪苏浙皖"两区六市"就共建环太湖科创圈正式签约。在省"十四五"规划中，也明确了积极推动环太湖科创圈建设。就度假区而言，度假区正位于环太湖地区的湖心、科创圈的C位。太湖科技产业园总规在2009年就得到了苏州市政府的批复，历经13年发展，科创产业正成为度假区蓄势腾飞的有力翅膀。尤其是"十四五"以来，度假区优化整合资源，设立太湖湾数字科技园和总部经济园，形成了功能完善、特色鲜明的"三大园区"。当前，环太湖科创圈加速建设带来的人流、物流、信息流、资本流等，将为太湖度假区打造一流的产业集群提供重大发展机遇。

显然，太湖度假区的发展情况整体较为乐观，机遇较多。但是其未来发展也存在一些制约因素：第一，政策约束日益趋紧。近年来，随着国家持续加大对地方债务、产业政策的约束管理，土地、资金、用工等要素日益趋紧，生态红线等成为发展的掣肘。第二，产业基础较为薄弱。整体产业规模偏小，规上企业总数少、量级小。截至2021年底，度假区有规上企业77家，其中产值1亿元以上的26家，超10亿元的仅2家。文旅产业作为度假区的特色产业，虽经长期发展积累了一定基础，但总体上呈现小、散、弱，发展水平低等特点，且高度依赖地产（存在发展的风险，这种模式难以为继）。第三，区域融合程度不高。总体而言，度假区与香山街道基本实现了一体化的发展形态，但是与其他三个板块则呈现"貌合神离"的情况。随着全区"三区三片"改革的深入，必须加快重塑度假区与各板块的关系，度假区突出产业功能，各板块不断优化社会管理职能，实现两者的融合发展。

四、太湖度假区未来的发展路径

（一）优生态，紧扣"一号任务"，争做生态涵养示范

一要推动规划落地。着力推动《太湖生态岛条例》落地，充分利用好市、区扶持政策。全面落实生态岛《发展规划（2021—2035）》，加快编制生态岛相关的专项规划，为生态岛建设发展提供行动指南。二要践行绿色创新。组织开展太湖生态岛研究院等创新实践，系统化高水平开展生态产品价值实现路径研究，探索"点状供地""飞地经济"模式，构建"岛外产业集聚区、岛内场景实验地"的发展新格局。三要"靓化"关键节点。常态化做好环岛公路沿线环境整治，扎实推进金庭新镇区改造，持续推进明月湾等特色田园、水美乡村建设，试点推进沉思湾等村庄风貌焕新。四要建设生态涵养区。全面推进金庭、东山生态涵养区内多规融合，联合各板块共同打造高水平"创新绿核"。系统开展生态修复和预防治理，增强生态涵养与生态服务功能，加快产业绿色升级。

（二）强文旅，聚焦一体发展，打造文旅融合样板

一要全面加强与央企国企、头部企业的对接合作，精心引育漫山岛、蓝园·舟山文创产业园、季高亲子乐园、长沙岛元宇宙沉浸式村落等十大文旅龙头项目，以龙头项目引领、带动区域文旅产业跨越式发展。二要重点培育以太湖为鲜明标识的节庆活动，统一打好太湖牌。重点打造涵盖太湖梅花节、碧螺

春茶文化节、太湖开捕节等民俗文化类，太湖超级生活节、太湖民宿节、太湖露营节等休闲度假类，太湖马拉松、太湖足球赛、太湖山地越野赛等体育赛事类等十大节庆活动。三要依托"宝藏太湖"的绿水青山、人文古迹、奇珍美食、苏作技艺、美村美宿等优势，突出文旅、体旅、农旅、商旅的深度融合发展，增强互动式、沉浸式体验，每年新增十大网红打卡点。

（三）兴产业，做强一流科创，实现绿色创新发展

一是积极布局新赛道。对标全区现代产业发展体系，着力培育数字互联、生态环保两大产业集群，继续深化与百度及其产业链生态合作伙伴共建"世界级自动驾驶生态标杆岛与商业化运营先行区"，共同打造"1岛、1集群、1模式"（自动驾驶文旅生态岛、智能网联产业新集群和数字交通运营新模式）。致力于将生态岛打造成我国首个智慧文旅+智能产业的发展样板。二是开发应用新场景。紧抓太湖生态岛建设"一号任务"契机，精心打造场景招商特色竞争力。充分利用生态岛"双碳样板"、绿色发展、无人驾驶等生态优势、特色产业，深度开发企业发展、项目落地所需的应用场景，积极对接、招引相关领域的上下游产业及项目，形成产业集群。三是打造新载体。全面提升太湖科技产业园、太湖湾数字科技园、太湖湾总部经济园三大载体的功能效用，深度融入环太湖科创圈和太湖科学城的辐射范围，不断拓展发展边界，延伸"朋友圈"，形成科创发展"强磁场"。

（四）促改革，加速板块融合，争当一体发展表率

一是要明确不同板块的发展定位。金庭镇要坚持生态优先，绿色发展，进一步深入推进生态产品价值转化，高标准推进太湖生态岛建设。东山镇要全面融入度假区，大力发展农文旅产业，以生态涵养实验区建设为契机，把生态文化资源转化为经济增长动能。光福镇要持续加大拆迁清障和产业用地更新力度，做靓全域旅游品牌，做精苏工苏作文化，擦亮"百工之乡"招牌。香山街道要扎实做好拆迁安置、社会稳定、民生实事三项工作，做靓舟山核雕村改造提升、太湖生态岛门户提升两篇文章。二要构建错位发展管理格局。按照"上移经济发展职能，下沉社会管理职能"的思路，加快推进融合发展，充分彰显"4+1＞5"的整体叠加优势。度假区全力以赴抓经济发展，优化服务机制，强化党的建设、产业发展、招商引资、科技创新、营商环境、规划建设、财政管理等职能；四个板块凝心聚力抓社会管理，优化管理体制，强化基层党建、城市管理、拆迁清障、安全生产、生态保护、民生保障、集体经济发展等职能。

附录
2022 旅游度假创新案例

2022年8月，中国旅游研究院课题组发布了2022旅游度假创新案例。以下案例排名不分先后，按照行政区划排序。

北京密云·古北水镇（司马台长城）国际旅游度假区（文旅融合打造北方风情度假式小镇） 该度假区是集观光休闲、商务会展等旅游业态为一身的综合性国际旅游度假目的地。近年来，该度假区依托"长城文化、边关文化、老北京文化"等深厚文化底蕴，复原了诸多历史文化建筑，设立了多个传统文化体验馆。同时，还融入传统曲艺演艺活动，开展传统与现代科技相结合的夜游活动，以及以北方四季分明的自然景观为基础开展诸多四季主题活动。长城文化与水镇景观交相融合的独特体验，使得古北水镇迅速成为京津冀区域最受欢迎的旅游度假目的地之一。

北京环球度假区（主题深度假） 该度假区是开园规模最大的环球影城主题公园，涵盖多个电影IP。该度假区围绕不同的风格打造系列主题套餐，包含主题房间入住和角色互动早餐，并延伸至主题景区优先体验、获得相应的主题周边等，全方位满足游客住宿餐饮购物"一站式"度假需求。环球度假区自开园后热度不减、话题不断，已然成为北京近两年内搜索和咨询热度最高的目的地之一。

中宝智游（北京）数字文化有限公司（学龄前亲子文旅实验室） 该实验室是全国首个专注于"学龄前亲子文旅"主题研究的机构。实验室将以"洛宝贝"

为代表的学龄前动画 IP 巧妙融入旅游线路，为城市儿童提供近距离沉浸式体验活动，有效地带动了相关亲子文旅产业的发展。同时"洛宝贝"系列动画作品展现了中国传统文化美德和非遗传承，积极推动了中国文化以旅游为载体走向世界。

阿尔山旅游度假区（新时代绿色旅游的地方实践） 该度假区依托阿尔山的优势资源，践行习近平生态文明思想，深入挖掘温泉文化、林俗文化、冰雪文化，精心实施一批引领性工程，从旅游六要素全面推动旅游产品提档升级。该度假区还制定"一月一节庆"方案，成功举办多个大型节庆活动和高端论坛，逐渐构建起以"巍巍大兴安，梦幻阿尔山"整体品牌为统领，要素品牌、行业品牌、景区品牌等为支撑的多层次品牌体系，目前已启动国家级旅游度假区创建。

大连金石滩国家旅游度假区（持续创新推动建设世界级滨海旅游度假胜地） 该度假区是 1992 年经国务院批准成立的全国十二个国家旅游度假区之一。近年来，该度假区重塑体制、重塑产业、重塑功能、重塑品牌，提出了"打造世界级滨海旅游度假胜地和唯美浪漫的爱情圣地"的目标，以"旅游＋度假、文化、体育、康养、研学、婚庆、会展"为主导，坚持生态优先、文旅融合、创新发展，引进和规划建设多个重大项目，致力于打造成"全时＋全季＋全龄"的旅游目的地，再造世界知名的国际旅游度假区。

上海佘山国家旅游度假区（依托品牌项目和活动打造千万级流量入口新标杆） 该度假区是唯一坐落在直辖市的首批国家旅游度假区，是上海市两个"千万级流量"入口之一。近年来，该度假区注重品牌创新，以大型活动和国际赛事为纽带，推动度假区经济发展。同时，度假区推出长三角旅游联票产品，不断放大长三角文旅消费"同城效应"，努力打造立足上海、辐射长三角、面向全国、对标国际一流的世界级旅游度假目的地。

景域集团（"帐篷客"激活在地文化） "帐篷客"是景域集团致力于打造的野奢度假连锁酒店品牌，力图为游客提供高品质的休闲度假体验。旗下的浙江安吉溪龙茶谷度假酒店倡导远离尘嚣、拥抱自然的休闲生活方式，以美丽乡村为底色，创造了"重环境、轻建筑、精布局、玩风情"的全新度假住宿业态。在项目品质支撑下，酒店同时实现了高入住率、高客单价以及高口碑度，并多次受到主流媒体的点赞。

南京聚宝山旅游产业发展有限公司（旅游体育休闲公园南京聚宝山公园） 聚宝山公园是集自然生态教育、休闲运动和休闲商业于一身的市民公园。该公园聚焦"休闲"与"体育"两大要素的深度融合，谋划布局三大圈层实现由市民公园向运动休闲消费目的地的蜕变，因地制宜设置了卡丁车等20余项新兴运动休闲项目。同时为了深度挖掘潜在的市场客户群体，公园利用"赛事团建"等发力，不断叠加新客群。南京聚宝山公园已然是南京本地市民出游的热门选择，同时也有众多外地游客慕名而来。

华侨城华东集团（"三色江南"城市度假理论与实践探索） "三色江南"度假体系是华侨城华东集团聚焦当前微度假、轻休闲趋势，依托华侨城的文旅资源，构建的"点、线、面"结合的特色度假体系。依托"三色江南"度假体系，统筹旗下14个文旅项目，营造六大度假场景，面向家庭亲子、职场白领、学生等群体，为广大市民和游客带来了层次丰富、新颖潮流的夏日度假生活，有效激活了城市文旅消费。

复星旅游文化集团（Club Med Joyview 千岛湖度假村的精致短途游） 地中海俱乐部精准把握城市消费者短途度假需求，在城市周边布局高质量旅游产品，提供精致与灵活的短途假期体验。最新开业的 Joyview 千岛湖度假村，依托当地的优质生态资源，结合地中海俱乐部品牌特色，推出亲子假期体验项目，让度假村开业即成为江浙沪地区亲子家庭暑期度假的首选之一。度假村内 G.O

快乐管家团队带领客人参与活动也是其一个招牌服务亮点之一，为其赢得了广大消费者的认可。

浙江省神仙居旅游度假区（仙居特色康养度假） 该度假区目前正致力于打造具有深厚文化底蕴的国家级旅游度假区。该度假区以山水、人文和乡村资源为依托，以神仙文化为主题，通过乡村聚落完美展示古村的原始风貌，并在度假区内集中展示灯彩（仙居针刺无骨花灯）、镶嵌（彩石镶嵌）、线狮（九狮图）等国家级非遗项目，有效形成"山上观光运动、生态探险，山下休闲度假、旅游服务"的联动模式，取得良好成效。

青岛啤酒（西海岸）文旅发展有限公司（青岛啤酒·时光海岸精酿啤酒花园） 该花园是青岛啤酒打造的沉浸式"啤酒+消费生活"体验MALL。依托内需市场及自身深厚的啤酒文化底蕴和品牌优势，形成了1903时光精酿工坊、啤酒主题度假酒店、威士忌俱乐部、啤酒SPA、1903面包坊、艺刻时光美学空间、婚恋基地七大时尚业态体验项目。时光海岸的休闲慢文化和本土消费色彩的啤酒文化相融合，为啤酒产业与旅游融合发展提供了标杆性的参考。

烟台市文化和旅游局（宣传推介八仙文化主题新IP） 八仙是烟台市重要的文化资源，"八仙传说"是国家级非物质文化遗产，所反映的是非、善恶、正邪观念，既有着深厚的中华传统文化内涵，又与当今的时代精神相吻合。烟台市文化和旅游局策划推出了"XIAN游烟台·偶遇八仙"主题活动，设计了专属"偶遇八仙"路线，打造了"八仙文化"主题观光车，还组织研发了一批八仙文创旅游产品，组织策划了国内首部八仙文化主题剧本杀产品《八仙录》，提供了将传说故事转化为文旅消费的创新途径。

成都大邑西岭雪山—花水湾旅游度假区（践行"雪山温泉也是金山银山"理念） 该度假区借助"窗含西岭千秋雪"的文化影响，大力发展冰雪运动和冰雪文化产业，着力打造"冰雪+"旅游消费场景，建造单板滑雪公园、冰雪乐园和单双板滑雪学校等场所，并积极承办国际国内滑雪赛事，每年举办南国冰雪旅游节，目前已成为国内知名的滑雪旅游度假目的地。同时还依托医疗级古海水温泉资源，创新打造"温泉＋亲子乐园""温泉＋康养美容""温泉＋论坛会展""温泉＋运动基地"等项目，形成了规模庞大的特色民宿和温泉酒店集群。

云南交投集团经营开发有限公司（读书铺服务区） 云南交投集团结合公司发展需要和读书铺区位优势，将服务区整体定位为"滇西旅游出发第一站"、云南省"交通＋旅游"融合发展的标志性服务区，对服务区读书铺进行了转型升级改造。服务区内设有"彩云驿"品牌超市、博客书局等多个传统商业业态，同时建有休闲景观区、火车 VR 体验区、奇石展示等五个功能区域。从出行功能延伸到休闲功能，读书铺服务区探索出了"交旅融合"的新道路。

陕西文化旅游股份有限公司（长安十二时辰主题街区） 长安十二时辰是以"沉浸式唐风市井生活"为主题的文旅融合街区，通过空间设计与场景模拟，将唐长安城的繁荣盛景微缩在有限的商业广场空间内，形成了文旅商深度融合的新消费场景。街区复刻影视重要场景，并设计了系列沉浸式产品。自开业以来，街区在游客中广受好评，成为西安乃至国内现象级的文旅 IP。